红色江淮 光辉记忆
安徽红色建筑印迹

主　编　方潜生

副主编　谢　建　刘晓君　张　亮

编　委（以姓氏笔画为序）

　　王　勇　王　敏　石丽娟　任亚若　朱其东　刘　佳

　　许畅畅　束　佳　李　虹　李　帮　李东海　吴　珍

　　张　婉　陈　清　罗贤龙　周　晨　周叶君　周庆九

　　胡金富　宣　璐　夏淑娟　徐　平　雷雪芹　蔡正丽

中国科学技术大学出版社

内容简介

开展红色建筑、革命遗址的调研，是"存史、资政、育人"的一项重要内容，是落实"把革命文物保护好、管理好、运用好"的一项重要举措。安徽有着光荣的革命传统，是农村改革的发源地，是一方红色的热土，在新民主主义革命、社会主义革命和建设时期谱写了壮丽的安徽篇章。本书根据"安徽省首批革命文物名录"编写，介绍安徽省市级及以上不可移动革命文物，涉及曾发生在安徽地域的党的重要机构旧址，重要人物的故居、旧居、活动地，重要事件，重大战斗遗址，具有重要影响的革命烈士事迹发生地或墓地等，通过对红色建筑、革命遗址的介绍及阐述勾勒出安徽红色文化的发展脉络。

图书在版编目(CIP)数据

红色江淮　光辉记忆：安徽红色建筑印迹/方潜生主编.—合肥：中国科学技术大学出版社，2022.10
ISBN 978-7-312-05538-6

Ⅰ.红… Ⅱ.方… Ⅲ.革命纪念地—介绍—安徽 Ⅳ.K878.2

中国版本图书馆CIP数据核字(2022)第185190号

红色江淮　光辉记忆：安徽红色建筑印迹
HONGSE JIANGHUAI GUANGHUI JIYI：ANHUI HONGSE JIANZHU YINJI

出版	中国科学技术大学出版社 安徽省合肥市金寨路96号,230026 http://press.ustc.edu.cn http://zgkxjsdxcbs.tmall.com
印刷	合肥华苑印刷包装有限公司
发行	中国科学技术大学出版社
开本	889 mm×1194 mm　1/12
印张	27
字数	336千
版次	2022年10月第1版
印次	2022年10月第1次印刷
定价	298.00元

序

百年奋斗正青春，以史为鉴创未来。在全党、全国人民隆重庆祝中国共产党成立100周年和全党持续开展党史学习教育活动之际，由安徽建筑大学马克思主义学院全体教师共同组织编写的《红色江淮 光辉记忆——安徽红色建筑印迹》一书正式出版发行了。红色建筑文化遗产是红色基因库的重要组成部分，承载党和人民英勇奋斗的光荣历史，是革命文物的重要形式，传承着党和人民奋发图强的精神豪情。开展红色建筑、革命遗址的调查与研究，是"存史、资政、育人"的一项重要内容，是落实"把革命文物保护好、管理好、运用好"的一项重要举措。

新中国是无数革命先烈用鲜血和生命铸就的，"红色"是新中国与生俱来的底色，"革命博物馆、纪念馆、党史馆、烈士陵园等构筑了党和国家红色基因库"。习近平总书记多次强调"要把红色资源利用好、把红色传统发扬好、把红色基因传承好"，"要深刻认识红色政权来之不易，新中国来之不易，中国特色社会主义来之不易"。2021年3月，习近平总书记对革命文物工作作出重要指示，指出："革命文物记载中国革命的伟大历程和感人事迹，是党和国家的宝贵财富，是弘扬革命传统和革命文化、加强社会主义精神文明建设、激发爱国热情、振奋民族精神的生动教材。"

安徽在中国"红色"版图中具有举足轻重的作用。自五四运动以来，马克思主义的种子深埋安徽大地，生根发芽、遍地开花。在中国共产党的创建时期，"南陈北李，相约建党"，安徽怀宁人陈独秀先生是党的主要创始人之一。安徽是马克思主义传播与党的早期组织创建和活动较早的地区，1921年10月，安徽社会主义青年团在安庆成立，安庆是全国最早建立社会主义青年团的17个城市之一；1923年冬，在安庆北门濮家老屋成立的中国共产党安庆支部是安徽省第一个城市党支部；同年底，中共寿县小甸集特别支部成立，这是安徽省第一个农村党支部。此后，安徽各地的党组织如雨后春笋，纷纷成立。土地革命战争时期，大别山地区创建了鄂豫皖革命根据地，成为"中国革命的重要策源地、人民军队的重要发源地"，是仅次于中央苏区的第二大红色根据地，28年红旗不倒；在全国十大将军县中，安徽金寨县位列全国第二，皖西有"红军的故乡，将军的摇篮"之誉。抗日战争时期，安徽是新四军进行华中抗战的指挥中心和敌后抗日的重要战场。在全面抗战的8年中，新四军军部有近5年半时间驻扎在安徽。皖南事变后，中国共产党重建新四军军部，新四军第四师活跃于皖北大地。全国19块抗日根据地中有三块位于安徽。安徽人民为抗日民族解放战争立下了不朽的功勋。解放战争时期，刘邓大军千里跃进大别山，揭开了人民解放战争由战略防御转为战略进攻的序幕；安徽是淮海战役、渡江战役的主战场。2020年习近平总书记在安徽考察调研时动情地指出："淮海战役的胜利是靠老百姓用小车推出来的,渡江战役的胜利是靠老百姓用小船划出来的。"新中国成立以来,安徽人民更是自力更生、艰苦奋斗,"敢为天下先",为实现美好生活砥砺前行,掀起了伟大的治淮工程,兴建了新中国最大的灌区、世界七大灌区之一的淠史杭工程;安徽是农村改革的主要发源地,并在全国率先开展农业税费改革和农村综合改革。进入新时代以来,安徽聚力打造"三地一区",强化科技赋能,书写着安徽人民奋发有为的新篇章。

千秋伟业,百年恰是风华正茂。安徽是红色文物资源大省,革命文物数量多、分布广、延续时间长,不仅是一片红色的热土,也是一方改革的沃土。2021年4月,安徽省公布了首批革命文物名录,涵盖中国革命各个历史时期的580处不可移动革命文物。其中,全国重点文物保护单位16处,省级文物保护单位87处,市县级文物保护单位477处。在精神层面,安徽先后孕育了大别山精神、新四军精神、渡江精神、小岗精神、王家坝精神等重要精神,这些精神充分展现安徽人民的历史担当和精神风貌。

为了更好地保护、传承安徽红色文化,进一步宣传、弘扬安徽革命精神,利用本土红色资源对大学生进行爱国爱党教育,安徽建筑大学马克思主义学院组织师生对安徽红色建筑、革命遗址进行了实地调研,以此追忆中国共产党波澜壮阔的革命史、艰苦卓绝的奋斗史、可歌可泣的建设史,努力讲好安徽革命建设、改革开放、创新发展的故事,进一步深化和拓展革命文物的育人功能。

《红色江淮　光辉记忆——安徽红色建筑印迹》依据安徽省首批革命文物中不可移动文物的相关资料,按照地域进行了分类编纂,对各地市级以上红色建筑、革命遗址的历史和现状进行实地调研,再辅以实地拍摄的照片,具体形象地展现了革命遗址不朽的精神力量。这不仅能够让广大读者缅怀革命先烈,感悟他们身上崇高的革命精神,有助于科学、精准地制定革命遗址保护利用政策,更使读者能进一步了解、理解、亲近安徽红色文化,从而能进一步发挥好革命文物在党史学习教育、革命传统教育、爱国主义教育等方面的重要作用,继而进一步激扬青年先锋力量,信心百倍地为全面建设社会主义现代化国家、实现中华民族伟大复兴中国梦而努力奋斗。

是为序。

方潜生

2021年11月

目录

序 ... i

亳 州

1. 皖北烈士陵园（五里庙烈士陵墓） ... 002
2. 新四军第四师司令部旧址 ... 004
3. 新四军游击支队"一大"会议旧址 ... 006
4. 新四军第四师联络站旧址 ... 008
5. 辉山烈士陵园 ... 010
6. 利辛县烈士陵园 ... 012
7. 罗会廉烈士墓 ... 014
8. 过家和烈士墓 ... 016

宿 州

1. 宿州烈士陵园 ... 020
2. 淮海战役总前委会议暨华东野战军指挥部旧址 ... 022
3. 灵北抗日中学旧址 ... 024
4. 江上青纪念园 ... 026

淮 北

1. 古饶赵氏宗祠 ... 030
2. 草庙圩子淮海战役华东野战军指挥部旧址 ... 032
3. 小朱庄战斗烈士陵园 ... 034
4. 淮海战役总前委小李家旧址 ... 036
5. 淮海战役双堆集烈士陵园 ... 038
6. 淮海战役总前委临涣旧址 ... 040
7. 群化团总部旧址 ... 042
8. 临涣烈士陵园 ... 044

阜 阳

1. "四九"起义纪念馆 ... 048
2. 淮海战役颍河阻击战遗址 ... 050
3. 中共太和第一届县委旧址 ... 052

蚌 埠

1. 渡江战役总前委孙家圩子旧址 ... 056
2. 淮北西大门抗战烈士陵园 ... 058
3. 新四军淮上行署旧址 ... 060

淮 南

1. 赵策烈士陵园	064
2. 中共寿凤临时县委旧址	066
3. 中共寿县小甸集特支纪念馆	068
4. 中共寿县第一次代表大会旧址	070

滁 州

1. 半塔保卫战旧址	074
2. 嘉山县抗日民主政府旧址	076
3. 抗大八分校旧址	078
4. 藕塘烈士陵园	080
5. 小岗村旧址	082
6. 中共苏皖省委旧址	084
7. 周家岗烈士陵园	086
8. 中原局第三次会议旧址	088

六 安

1. 独山和金寨革命旧址群	092
2. 苏家埠战役旧址	094
3. 安徽省抗日民众总动员委员会旧址	095
4. 中共六安中心县委旧址	096
5. 许继慎故居及许继慎墓	098
6. 六安兵变旧址	100
7. 安徽省立第三甲种农业学校旧址	101
8. 中共六安特区委员会成立旧址	102
9. 中共鄂豫皖省委会议旧址	103
10. 张家店战斗烈士陵园	104
11. 朱蕴山纪念馆	106
12. 新四军四支队司令部旧址	108
13. 渡江战役第二野战军指挥部旧址	110
14. 毛泽东视察舒茶休息室旧址	112
15. 中共舒城特支、特区机关旧址	114
16. 平田烈士墓园	116
17. 安菜烈士墓园	118
18. 霍山烈士陵园	120
19. 青枫岭磨子潭战斗纪念碑	122
20. 李特故居	123
21. 红二十八军重建会议旧址	124
22. 中共鄂豫皖区委员会旧址	126
23. 金寨革命烈士陵园	128
24. 中共六安中心县委、六英霍暴动总指挥部旧址	130
25. 刘邓大军挺进大别山革命旧址群	132
26. 豫东南道革命根据地旧址群	134
27. 皖西北道革命根据地金寨革命旧址群	136
28. 安徽省工委驻地旧址	138
29. 金东县民主政府旧址	140
30. 红军村旧址	142
31. 商城县游击队成立及洪学智将军参军地旧址	144
32. 金寨县古南乡民主政府驻地旧址	145

安 庆

1. 中共太岳县委、县政府旧址	148
2. 红二十八军重建会议旧址	150
3. 红军中央独立第二师司令部旧址	152
4. 中共安庆建党会议旧址	154
5. 祝尔昌烈士故居（樟树湾祝家新屋）	156
6. 刘邓大军第三纵队司令员陈锡联驻地旧址（养英山庄）	158
7. 姜高琦、周肇基、黄家馥墓	159
8. 渡江烈士墓	160
9. 安庆市革命文物陈列馆	161
10. 陈独秀墓园	162
11. 陈延年、陈乔年烈士故居旧址	164
12. 陈延年、陈乔年读书处	165
13. 红二十八军军政旧址	166
14. 安庆市烈士陵园	168
15. 腊树镇革命烈士墓群（李结海烈士墓）	169
16. 林氏祠堂	170
17. 邓稼先故居（铁砚山房）	172
18. 吴樾故居	174
19. 中共怀宁中心县委旧址	175
20. 北中区苏维埃政府旧址（吴氏宗祠）	176
21. 渡江战役二野四兵团司令部旧址——陈氏宗祠	177
22. 孙敬纯烈士墓	178
23. 望江渡江烈士陵园	180
24. 白沙中学旧址	181
25. 操球烈士墓	182
26. 何世玲烈士墓	184

合 肥

1. 马子中烈士墓	188
2. 渡江战役总前委旧址	190
3. 新四军江北指挥部旧址	192
4. 安徽省博物馆陈列展览大楼	194
5. 王亚樵家族墓	196
6. 安徽医科大学毛泽东塑像	198
7. 李克农故居	200

宣 城

1. 王稼祥故居	204
2. 新四军军部旧址	206
3. 新四军抗日殉国烈士墓	208
4. 新四军总兵站遗址	210
5. 中共双花园党支部旧址	211
6. 皖南特区苏维埃政府旧址	212
7. 仕川农民暴动旧址	214
8. 项英、周子昆殉难处——蜜蜂洞	216
9. 603探空火箭发射场旧址	217
10. 陈村烈士墓	218
11. 红军烈士墓	220
12. 江家场革命烈士陵园	222
13. 夏雨初烈士故居	224
14. 姚村苏维埃政府旧址	226
15. 中共沙桥支部旧址	228
16. 向阳烈士陵园	230
17. 新四军二支队司令部旧址	232

芜　湖

1. 戴安澜烈士墓　　　　　　　　　　236
2. 戴安澜故居　　　　　　　　　　　238
3. 刘希平先生墓　　　　　　　　　　240
4. 王稼祥纪念园　　　　　　　　　　242
5. 三山烈士陵园　　　　　　　　　　244
6. 六洲暴动旧址及胡竺冰故居　　　　246
7. 新四军三支队司令部旧址　　　　　248
8. 新四军七师司令部旧址　　　　　　250

马鞍山

1. 和县革命烈士纪念馆　　　　　　　254
2. 刘一鸿烈士墓　　　　　　　　　　256

黄　山

1. 中共皖浙赣省委驻地旧址　　　　　260
2. 拱北桥　　　　　　　　　　　　　262
3. 程家柽墓　　　　　　　　　　　　264
4. 皖南苏维埃政府旧址——柯氏宗祠　266
5. 旋溪塔　　　　　　　　　　　　　268
6. 舍会山皖赣特委活动旧址　　　　　270
7. 《黄山报》旧址　　　　　　　　　272
8. 崇一学堂旧址　　　　　　　　　　274
9. 谭家桥战斗旧址　　　　　　　　　276
10. 小练革命烈士墓　　　　　　　　　278
11. 岩寺新四军军部旧址　　　　　　　280
12. 叶挺囚禁处　　　　　　　　　　　282
13. 中共皖南特委机关旧址　　　　　　283

铜　陵

1. 笠帽山烈士塔　　　　　　　　　　286
2. 铜陵县抗日民主政府旧址　　　　　288
3. 铜陵县第一次党代会旧址　　　　　289
4. 刘四姐烈士墓　　　　　　　　　　290
5. 铜陵新四军抗战史迹陈列馆　　　　291
6. 范家湾烈士墓　　　　　　　　　　292
7. 桐东区抗日民主政府旧址　　　　　294
8. 鲁生烈士墓　　　　　　　　　　　296
9. 渡江战役中线指挥部旧址（陈氏宗祠）298
10. 浮山中学"中大楼"　　　　　　　300

池　州

1. 凌霄烈士墓　　　　　　　　　　　304
2. 新四军七师沿江团团部旧址　　　　305
3. 中共皖赣特委机关旧址　　　　　　306
4. 黎痕王安平和英满芳祖居　　　　　308
5. 宾山革命纪念馆　　　　　　　　　310

后记　　312

1. 皖北烈士陵园（五里庙烈士陵墓）

皖北烈士陵园，坐落于亳州市谯城区芦庙镇北，是为纪念在新民主主义革命时期牺牲的革命烈士而建的，于2015年基本建成，包括悼念区、主题纪念区、烈士墓区、红色休闲旅游区和接待服务管理区五大功能区。

亳州是解放战争时期豫皖苏军区部队由河南进入安徽打下的首个市镇。1947年1月，豫皖苏军区第三军分区部队配合晋冀鲁豫野战军，发起豫皖边界的战役。豫皖苏军区部队在攻取河南省的柘城后，分头向驻守在鹿邑和亳州的地方部队和反动武装发动进攻。经过近四个日夜的战斗，大获全胜，这便是著名的五里庙战斗。

1985年，亳县人民政府为在五里庙战斗中牺牲的先烈在此建亭立碑，安徽省委原副书记、省人大常委会原主任王光宇题写了"为解放事业而牺牲的烈士万古长青"的碑文。1986年12月，五里庙烈士陵墓被亳州市人民政府公布为县级重点文物保护单位。2015年，五里庙烈士纪念墓整体迁移至皖北烈士陵园，皖北烈士陵园现为市级重点文物保护单位。

皖北烈士陵园以烈士纪念碑为核心，融馆、墓、园等于一体，占地面积208亩。陵园内，"革命烈士永垂不朽"八个大字由张爱萍将军题写，整块碑高28.9米，这个数字具有特殊的意义。从1919年五四运动开始至1948年2月亳州全境解放，时间跨度是28年9个月。

纪念馆建筑面积8324平方米，布展面积5943平方米，馆内设有五个单元，主要以文字、照片、文物、油画、沙盘及声光电等布展形式，全面展示了中国共产党领导亳州军民辉煌卓著的斗争史。

烈士墓占地面积4693平方米，安葬着谯城区各个时期牺牲的烈士，其中有名烈士340位、无名烈士852位，包括在五里庙战斗中牺牲的270位烈士。

参考文献：
1. 纪恒庆.亳州文物古迹概览[M].合肥：黄山书社，2014.
2. 曾莹莹.皖北烈士陵园：一千多名烈士安眠于此[N].亳州晚报，2020-03-18(08).

（文/图：张亮/刘佳）

亳州

2. 新四军第四师司令部旧址

新四军第四师司令部旧址，位于距涡阳县城北22.5千米的新兴集，现为安徽省省级重点文物保护单位。

1939年9月初，彭雪枫带领新四军游击支队来到新兴集，创立了以新兴集为中心的豫皖苏边抗日根据地。1940年2月，游击支队改番号为新四军第六支队；6月又与黄克诚领导的八路军第二纵队合编为八路军第四纵队；1941年新四军军部重建后改番号为新四军第四师。新四军第四师驻军新兴集期间，司令部直属机关有政治部、锄奸部、民运部、参谋部、军法处、副官处、供给处、拂晓剧团、拂晓报社等十多个部门。

司令部旧址房屋于1940年"六一"战斗中被日军焚毁，后修复。砖木结构的四合院分东西两个院子，有房34间，现已改为新四军第四师纪念馆。1994年5月2日，中央军委副主席、原新四军第四师参谋长张震来新兴集故地凭吊，命名并题写了"新四军第四师纪念馆"馆名。在司令部西侧，有张震题写的"新四军第四师纪念馆"的牌楼大门，院内中央有彭雪枫骑马铜像一尊，铜像东侧有彭雪枫德政碑一座；西侧有刘少奇、张震旧居和拂晓报社及其他建筑物共18间。室内有各种图片和革命文物陈列。

参考文献：

1. 中共安徽省委党史研究室.安徽省重要革命遗址通览：总第13卷 第1册[M].北京：中共党史出版社，2012.

（文/图：张亮/刘佳）

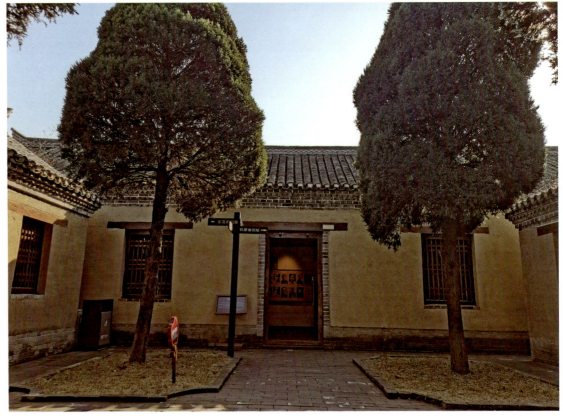

亳州

3. 新四军游击支队"一大"会议旧址

新四军游击支队"一大"会议旧址,坐落于涡阳县曹市镇的牛氏宗祠,现为亳州市重点文物保护单位。

1939年6月,彭雪枫率新四军游击支队主力进军淮上。至8月,支队取得多次战斗胜利,扩大了中国共产党和新四军的影响,与当地武装和进步人士建立了统战关系,打开了淮上抗日的局面。8月下旬,游击支队领导机关由淮上返回涡北曹市集。9月1日上午,新四军游击支队第一次党代会在牛氏宗祠隆重召开,代表有各部队的负责人,也有基层连队的支部书记,还有战士中的英雄模范。在热烈的气氛中,大会选举彭雪枫、吴芝圃、肖望东、张震、滕海清、谭友林、李耀、方忠铎、岳夏、张仙舟等为主席团成员。会议统一了支队官兵的思想,特别使那些新近入伍、收编以及投诚而来的战士增强了对抗战形势的认识,标志着新四军游击支队和豫皖苏抗日根据地进入了全面建设的新时期。

据史料记载,牛氏宗祠在1939年作为会场时还是一处四合院,有堂屋五间,东西厢房各三间,过道三间,均为硬山石构。20世纪60年代,房屋在区供销社使用期间东西厢房和堂屋被拆除。

参考文献:
1. 牛氏宗祠:见证新四军游击支队首次党代会[N].亳州晚报,2011-06-28(A5).

(文/图:张亮/刘佳)

4. 新四军第四师联络站旧址

新四军第四师联络站，又称新四军游击支队涡阳联络站。该站位于涡阳县城北门文明街65号，为一民国时期普通民用建筑，2015年成为亳州市级文物保护单位。

1939年5月，彭雪枫领导的新四军游击支队在涡阳设立了联络站，开展抗日救亡运动。新四军游击支队联络科长任泊生担任站长，徐宏九和马鹏担任干事。1940年2月，新四军游击支队改编为新四军第六支队；1940年6月，黄克诚率领的八路军三四四旅和新二旅共12000余人，在涡北与新四军第六支队会师，并奉命合编为八路军第四纵队，联络站均随之改称。在此期间，任泊生调回涡北，吴宪调任联络站站长，康明调任干事，当时联络站全员不到十人。新四军游击支队涡阳联络站建立后，积极宣传党的抗日政策，开展多种形式的抗日救亡活动，对组织皖北抗日起到了一定的推动作用。

现存遗址为一院落建筑，门口立有一刻有"新四军四师联络站旧址"字样的碑，院内有砖木结构房屋数间，青砖青瓦，门、窗上部为弧形拱券样式。

参考文献：
1. 开展救亡运动，点燃抗日烽火[N].亳州晚报，2021-05-17(04).

（文/图：张亮/刘佳）

5. 辉山烈士陵园

辉山烈士陵园，位于涡阳县曹市镇辉山之巅，为悼念新四军第四师第十一旅在涡北抗日战斗中殉国的300余名烈士而建，现为亳州市重点文物保护单位。

1944年8月，为收复豫皖苏边区，按照党中央的指示，彭雪枫率四师十一旅等挺进津浦路西，在八里庄战斗中，彭雪枫壮烈殉国，四师十一旅等主力部队有300多官兵英勇牺牲。为缅怀彭雪枫等西进以来牺牲的革命烈士，路西地委书记吴芝圃、军分区司令员张震、政委赖毅率十一旅在涡阳县龙山集休整时，顺应边区人民和部队官兵的愿望，决定建造烈士陵园，陵园的地址就选在原曹市集东灰山上。陵园建成后，当地人民政府将"灰山"改名"辉山"。

辉山烈士陵园的正面是牌坊式大门，上有毛泽东题词"死难烈士万岁"，两侧分别放有朱德和涡阳县的题匾。入牌坊后，可以看到树立的五星碑上刻有彭雪枫将军生平。后有三座八角亭，中亭上有"精忠报国"金字横额，正面挂有彭雪枫画像。陵园中央矗立着一座15米高的纪念塔。纪念塔坐北朝南，面向大门，高约15米；塔基为石砌的五角形，其中安葬着从山脚下迁来的24名烈士的尸骨；塔身呈四方立柱形，分五层；分层处小瓦走檐，四角挑起；正面镶嵌着一块约10米高的青石条，上刻"新四军第四师第十一旅涡北抗战殉国烈士纪念塔"字样。墓前石碑刻有310位烈士名录。公墓于1945年秋季动工，工程由十一旅三十二团负责筹建，历时四个半月，于12月份落成。1946年，陵园遭国民党军队严重破坏，断碑伤额。1946年，解放军收复涡北，当地乡政府曾对公墓进行了初步修复。

建造于战争年代的烈士陵园全国数量较少，辉山烈士陵园具有一定的代表性。新中国成立后，党和政府多次对辉山烈士陵园进行修复，修复中，纪念塔改为水泥结构，新建方门替代牌坊。2005年，为纪念抗日战争暨世界反法西斯战争胜利60周年，由新四军老战士、社会各界有识之士等共同捐资，对陵园进行扩建。4月修建了石板云梯，云梯共11阶，象征"十一旅"。8月份修建了辉山革命烈士陵园纪念牌坊。纪念牌坊坐落在纪念塔前60米处，象征纪念抗战胜利60周年；纪念牌坊总体设计为三门四柱，四柱象征"新四军"；四柱前分列四狮象征"四师"；总跨11米象征"十一旅"；中门宽4.5米，与烈士陵园1945年建造落成年份相吻合；高9.9米，寓意抗日烈士精神高尚、流芳千古、永垂不朽。

参考文献：

1. 纪恒庆.亳州文物古迹概览[M].合肥：黄山书社，2014.
2. 安徽大辞典编纂委员会.安徽大辞典[M].上海：上海辞书出版社，1992.
3. 沈欣.把农村建设得更像农村：辉山村[M].南京：江苏凤凰科学技术出版社，2019.

（文/图：张亮/刘佳）

亳州

6. 利辛县烈士陵园

　　利辛县烈士陵园,位于利辛县城西北纪王场乡路集村,原建有路集烈士纪念碑。路集烈士纪念碑建于1984年,园内安葬着抗日战争和解放战争时期为国捐躯的祝聚民等七位烈士的遗骨,记载着他们在硝烟滚滚的战场上抛头颅、洒热血直至献出年轻而宝贵的生命的故事。2003年,利辛县委、县政府在原纪念碑的基础上将其扩建成"利辛县烈士陵园"。陵园现为亳州市重点文物保护单位。

　　利辛县烈士陵园主要由烈士纪念碑、悼念广场、烈士墓群和革命烈士纪念馆组成,规模大,功能全。整个陵园长110米,宽90米,纪念碑高10米,气势恢宏,古朴庄重。一片苍松翠柏之中,安葬着646位烈士,烈士墓群分东、西两个区,西区安葬的是该县在三大战役、四川剿匪、对越自卫反击战中牺牲的135位烈士,东区安葬的是在抗美援朝中牺牲的148位烈士,安放363位无名烈士墓碑。安徽省委原副书记、省人大原主任王光宇为纪念碑题词:"革命烈士永垂不朽!"原安徽省人大副主任郑锐为陵园题写了园名。

参考文献:
1. 纪恒庆.亳州文物古迹概览[M].合肥:黄山书社,2014.
2. 中共亳州市委党史研究室,亳州市地方志编纂办公室.亳州年鉴:2004年[M].合肥:黄山书社,2004.
3. 利辛县烈士陵园:守望不朽丰碑 传承红色基因[N].亳州晚报,2020-10-22(12).

(文/图:张亮/许文浩、程裹琦)

亳州

7. 罗会廉烈士墓

罗会廉烈士墓，位于蒙城县县城西北18千米王楼村后，现为亳州市文物保护单位。

该墓为1944年12月，新四军第四师司令部为侦察科长罗会廉烈士所建，占地800平方米，中立三座纪念碑，分别刻有四师司令部、政治部撰写的《罗会廉烈士传略》；韦国清、张震、吴芝圃的联名书挽《会廉同志千古》；坛城乡全体民众的挽词《义勇可风》。解放战争时期，陵墓遭国民党当局的破坏，新中国成立后整修一新。

罗会廉，1914年生，贵州普安县人，无产阶级革命战士。1934年秋，罗会廉考入上海暨南大学土木工程系，毕业后在淮南铁路工程处任职。抗日战争爆发后，罗会廉毅然辞去了淮南铁路工作处的工作，报考了山西临汾刘村镇八路军驻晋办事处学兵队。学兵队将罗会廉转介绍到八路军一一五师随营学校，后又转入延安抗日军政大学第三期学习，任第六班班长。抗大毕业后，他被调入中国革命军事委员会参谋训练班，专习侦察情报业务。1938年，罗会廉加入中国共产党。同年秋，训练班结业后，罗会廉被分配到新四军游击支队。1940年7月，罗会廉所在的新四军部队改编为八路军第四纵队，1941年2月改为新四军第四师。

罗会廉在司令部历任侦察参谋、四科（管理科）代科长、二科（侦察科）科长，他经常深入日伪巢穴进行侦察，为部队提供可靠情报。1944年12月3日，罗会廉率侦察小分队路经涡阳县东北到达石弓山以南的高楼庄住宿，因伪保长告密而陷入日伪军包围之中，罗会廉在突围中壮烈殉国，时年30岁。

参考文献：

1. 蒙城县地方志编纂委员会.蒙城县志[M].合肥：黄山书社，1994.

（文/图：张亮/陆阳）

8. 过家和烈士墓

过家和烈士墓位于蒙城县楚村乡大过庄东地。1984年7月,中共蒙城县委、县人民政府在原烈士墓址辟地60平方米,重新整修建碑。中共中央顾问委员会副主任薄一波亲笔题字,"过家和烈士之墓"。烈士墓现为亳州市文物保护单位。

过家和,1907年生,又名过一民,蒙城县楚村镇大过庄人。他是蒙城历史上第一位中共党员。过家和于1922年蒙城兴华小学毕业后,入北京第十六混成旅官佐子弟学校读书(后该校改为育德中学),曾与彭雪枫同窗。1927年春,经彭雪枫等介绍加入了中国共产党,更名为过一民。

1928年,党派过家和与彭雪枫、李楚离三人去烟台国民革命军暂编第二十一师做兵运工作,曾任政治处宣传科干事。后因党的活动暴露,国民党在该部开展"清理"行动,过家和被组织派回蒙城做地下工作,在蒙(城)、凤(台)、怀(远)三县交界处开展农村武装斗争。1935年,其叔父过之翰把他安排到宋哲元的第二十九军任军政处中校处员。1936年,日军突袭平津,过家和与叔父过之翰、叔祖过俊伟(北京草岚子监狱反省院院长),成功营救在押的61名中共党员出狱。其于1940年返回蒙城,曾与涡北新四军六支队司令员彭雪枫联系,参与革命工作。1945年冬,过家和在双涧集东谭桥,被国民党特务杀害,时年38岁。1978年,经国务院批准,烈士遗骨被移葬至楚村大过庄庄东,并修建陵园纪念。

参考文献:

1. 蒙城县人大教科文卫工作委员会.蒙城名人史迹[M].合肥:黄山书社,1992:157.

(文/图:张亮/陆阳)

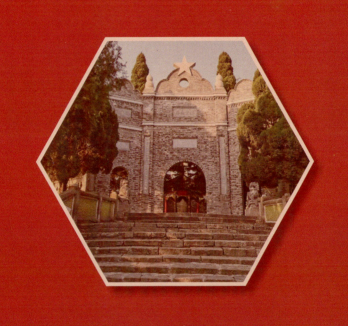

1. 宿州烈士陵园

宿州烈士陵园,坐落在安徽省宿州市东北部,为缅怀杰出的无产阶级革命家、军事家、功勋卓著的抗日民族英雄彭雪枫将军以及自新民主主义革命以来在宿州牺牲的革命烈士,经皖北区党委批准,1951年开始建设,1959年建成并对外开放。陵园占地面积约11万平方千米,以彭雪枫汉白玉塑像、革命烈士纪念碑、彭雪枫纪念馆为主体的纪念建筑物成南北向依次坐落在陵园的中心轴线上。

彭雪枫将军汉白玉塑像,高8米,由著名雕塑家邹佩珠女士(水墨画大师李可染夫人)主持雕塑,1959年建成。塑像栩栩如生,英姿飒爽,再现了彭雪枫将军光辉形象。

彭雪枫纪念馆是一座具有浓厚的徽派建筑风格的仿古建筑群,建筑面积1100多平方米,馆名由张爱萍将军题写。纪念馆分为三个展厅,中厅为雪枫同志生平业绩陈列馆,展出数百幅珍贵的历史图片和各种文物资料,从不同历史时期、不同的角度,全面客观地介绍了彭雪枫同志光辉战斗的一生。东厅为淮海战役纪念厅,西厅为宿州市自新民主主义革命以来牺牲的革命烈士事迹展厅。

在彭雪枫塑像和纪念馆的中点,耸立着革命烈士纪念碑,碑为塔型建筑,高26.7米,基座长宽各44米,全部由白色大理石砌成,正南面刻着陈毅元帅题写的"革命先烈永垂不朽"八个大字,苍劲雄浑。碑前广场面积3000平方米,全部为花岗岩地板,彰显了革命烈士纪念碑的雄伟高大,突出了庄严、肃穆的氛围。

(文/图:张亮/汪香玉)

宿州

2. 淮海战役总前委会议暨华东野战军指挥部旧址

淮海战役总前委会议和华东野战军指挥部旧址坐落在安徽省萧县丁里镇蔡洼村，现为全国重点文物保护单位、安徽省爱国主义教育示范基地。

1948年11月16日，淮海战役打响后，为了统筹指挥，中共中央军委决定成立由刘伯承、陈毅、邓小平、粟裕、谭震林五位同志组成的总前委。在此之前，中国人民解放军华东野战军指挥部已迁入蔡洼，到1949年元月，淮海战役结束，华东野战军指挥部共在该村工作了28天。

1948年12月17日，由邓小平主持，在华东野战军指挥部驻地萧县丁里镇蔡洼村的杨家台子召开了第一次全委会议。会议研究了淮海战役第三阶段围歼杜聿明集团的方略，做出了部队战地整编计划，制定了渡江作战的初步方案。这次会议对夺取淮海战役全面胜利，解放长江以北，进而渡江作战解放全中国起到了重要作用。在蔡洼会议期间，总前委刘伯承、陈毅、邓小平、粟裕、谭震林五位同志在简陋的茅屋前一起合影，这是总前委成员具有历史意义的唯一的一张合影，弥足珍贵。

萧县蔡洼村的杨家台子原为清末建筑群落，土木结构，屋面小瓦，三进院落。右侧为三进院，左、中均为二进院，为7个小院共48间房屋。当年淮海战役总前委开会的房屋以及用过的桌、椅、马灯、文件柜、水桶等实物保存完好。

（文/图：张亮/杨欣如）

3. 灵北抗日中学旧址

灵北抗日中学旧址,位于安徽省宿州市灵璧县尹集镇菠林村,现为宿州市级文物保护单位。

1944年1月,为培养抗日干部,中共宿东地委在这里创办了"灵北抗日中学",因学校地处皖东北,又称"皖东北中学"。灵北抗日中学主要为地方和部队培养基层干部、抗日小学教师、财务人员、文化教员和宣传干部等。学生大部分是解放区的有志青年、抗日干部子女和烈士遗孤,还有少数是来自敌占区的进步青年学生。学校初办时,在校学生近百人,到1945年4月发展到400人左右。其中,年龄较大、文化基础较好的学生被编入财经班、师资班、行政班;年龄较小、文化基础较差的学生编入初中班,分三个年级。学校的课程设置有政治、语文、数学、历史、地理、音乐和军体。学校始终坚持政治教育为主,把爱国主义及共产主义理论教育放在首位,以培养学生具有坚定的政治方向、艰苦朴素的工作作风。除正常的教学外,学校还积极组织学生参加社会实践活动,协助地方征收公粮、动员参军、开展减租减息、惩奸反霸和抗日宣传等,农忙季节还帮助群众播种收割,受到群众的广泛欢迎和赞扬。为了进行军事训练和保卫学校的安全,每个学生发两枚手榴弹,每十

个学生配备一支枪。

灵北抗日中学办学条件极为简陋,有时在树林里挂上黑板就上起课来,学生还参加中心工作,拉出去又是战斗队、工作队和文艺宣传队。学校从创办到1945年9月迁往泗县县城改为淮北师范学校,在20个月的时间内,将40余名学生发展成为共产党员,并先后分配三批学生共计800余人到淮北根据地党政军部门工作,其中大部分担任了基层领导或群众团体的负责人,还送往苏联留学一人。

灵北抗日中学旧址,原为菠林张家祠堂,现已拆除,留下的三间堂屋现为菠林小学办公室。

参考文献:

1. 中共宿州市委党史研究室.中国共产党宿州史:1919-1949[M].北京:中共党史出版社,2001.
2. 灵璧县地方志编纂委员会.灵璧县志[M].杭州:浙江人民出版社,1991.

(文/图:张亮/李闻琦)

4. 江上青纪念园

江上青纪念园位于安徽省泗县刘圩镇江上青烈士殉难地小湾,是为纪念抗日英模、皖东北抗日民主根据地奠基者江上青同志而建的。

江上青纪念园占地约13332平方米,共分为山水景区、主题纪念区、入口广场区、纪念碑亭区和公园风景区等六个区域。以江上青纪念雕像、主祭台、纪念馆、纪念墙、图腾柱、石牌坊、殉难亭、橡胶坝为八大主景。

广场入口处的石牌坊正、背面镌刻着江泽民亲笔题写的"浩气长虹""英烈千古",八根图腾柱矗立在纪念大道两侧。主祭台坐落在园区北端,占地面积4947平方米,正中央竖立的江上青半身雕像高2.8米。纪念馆总体面积约500平方米,内设有陈列室、题词走廊、场景雕塑、影视厅等。其中,陈列室通过历史图片、诗词物品等,展示了江上青一生伟大光辉的革命经历、为民族解放所建立的丰功伟绩以及他不畏生死的崇高品质。浮雕纪念墙长20米、高2.5米,展示了江上青从事地下学运工作、加入党组织、狱中斗争、写诗撰文传播革命火种、组建皖东北抗日民族统一战线、最终壮烈牺牲的宏伟场景。殉难亭坐落于园区南端,占地18平方米,亭高5米,为四角白色大理石石亭,亭正中

间是"江上青殉难处"石碑。

江上青，1911年生，原名江世侯，江苏扬州人。1927年，考入南通中学高中部，在革命思想影响下于同年加入中国共产主义青年团。1928年夏，江上青转入扬州高中，同年冬被国民党当局以学运骨干分子为名逮捕入狱。1929年6月出狱，改名江上青，就读于上海艺术大学文学系，同年成为中国共产党党员，并担任上海"艺大"地下党支部书记，继续从事地下学运工作。1938年8月，江上青遵照党的指示来到安徽，在中共安徽省工委领导下，参加了安徽省抗日民众动员委员会的工作，在大别山区开展抗日宣传工作；11月，皖东北地区被日军占领后，中共安徽省工委决定成立皖东北特别支部，任命江上青为特支书记，派他带领特支的一批共产党员到皖东北开展工作，他为开辟以泗县为中心的皖东北抗日根据地作出了积极贡献。1939年7月29日，江上青遭到地主反动武装袭击，壮烈牺牲，时年28岁。江上青的遗体安葬在八路军、新四军皖东北办事处附近的崔集，1982年迁葬至江苏泗洪县烈士陵园，并树碑立传，张爱萍题写了碑名。2009年，江上青被评为"100位为新中国成立做出突出贡献的英雄模范人物"。

参考文献：

1. 中国人民抗日战争纪念馆.抗战英烈谱[M].北京：团结出版社，2017.

（文/图：张亮/曹坤）

1. 古饶赵氏宗祠

安徽省淮北市烈山区古饶镇古饶中学院中，矗立着一座明清时期的相九赵氏祠堂。古饶赵氏宗祠是安徽省重点文物保护单位，它是黄淮大地上的一颗古老而璀璨的明珠，始建于明代万历年间，乃为时任五城兵马司、后被封为云南王的赵钦所立之祠，占地2667平方米，建筑面积460平方米。建筑使用灰砖黑瓦、青石墙，飞檐翘角，大门成八字照壁式，大小额枋上均有精美木雕。400多年来，宗祠饱经沧桑历史岁月的洗礼，在翠柏青松掩映下依旧肃穆恢廓宏。

峥嵘岁月，千秋风雨。赵氏族人一直奉行"惟大业是勤，惟祖德是崇"，历朝历代的赵氏族人都为国家和社会作出过巨大贡献。红色文化是赵氏族人难以抹去的痕迹，也是赵氏宗祠的重要价值所在。譬如，参加革命活动的北海舰队副司令员赵汇川少将，参加抗日战争、被日军刺刀扎了17刀而英勇牺牲的赵文德，参加新四军、在数次战役中英勇奋战的赵敬仁，被敌人刺杀的共产党员赵皖江……抗日战争期间，赵氏族人的事迹可歌可泣，他们的名字至今仍保留在徐州淮海战役纪念馆的名单里。

毛泽东就曾说"淮海战役，粟裕同志立了第一功"。在淮海战役发展的关键时刻，粟裕提出了许多重要战略建议，对毛泽东做出"极力争取在徐州附近歼灭敌人主力，勿使南窜"的战略决策起了举足轻重的作用。粟裕指挥的华东野战军有17个纵队42万余人，占淮海战役我军参战兵力总数的70%；共歼灭国军共44万余人，占淮海战役歼敌总数的80%。刘伯承曾坦诚地说："淮海战役这个仗，主要是三野打的"（北京新四军研究会一师分会：《缅怀——粟裕大将九五诞辰纪念文集》）。淮海战役时华野十二纵队主要负责拦截杜聿明部先头部队，以构筑包围圈歼灭敌军，赵氏宗祠曾作为三野十二纵队司令部的驻地，这里留下了华东野战军十二纵队司令部的历史印记。

参考文献：

1. 淮北文明网.淮北市古饶镇赵氏宗祠：传承家风家训 弘扬红色文化[EB/OL].(2017-05-31)[2021-09-01]. http://ahhb.wenming.cn/wmbb.54547/201705/t20170531_4320089.html.

（文/图：李东海）

2. 草庙圩子淮海战役华东野战军指挥部旧址

草庙圩子为淮海战役华东野战军指挥部旧址所在处。粟裕率华东野战军指挥部曾进驻过安徽省淮北市烈山区古饶镇的草庙圩子（今草庙村）。

1948年11月28日，蒋介石在南京召开军事会议，下令徐州驻军第二、第十三、第十六三个兵团放弃徐州向江南撤退。11月30日，徐州"剿总"副总司令杜聿明指挥30万徐州守军向西南逃窜。华东野战军奋起追击、拦截。最终于12月4日把敌人包围在永城东北陈官庄地区，至1949年1月10日予以歼灭。为便于指挥追击逃敌，12月2日，华东野战军指挥部从宿县时村以西大张家进驻今淮北市烈山区古饶镇草庙（时称草庙圩子、草庙孜）。粟裕率领的华野指挥部在草庙住了三天三夜，在昏暗的灯光下，粟裕运筹帷幄，发出了一道道重要电文，对整个淮海战役的胜利起到了举足轻重的作用。草庙圩子除了是华野指挥部所在地外，还设有后方医院，为救治伤病员发挥了不可替代的作用。

粟裕指挥部设在草庙村一张姓大地主的宅院里。之所以选择草庙圩子，主要基于以下三点原因：其一，草庙圩子具有革命斗争的红色背景，党的群众基础好。早在大革命时期，草庙所在的古饶地区就成立了党的基层组织，该户女主人是淮北地区早期革命领导人李时庄的妹妹。其二，草庙圩子自然条件相对优越。张姓地主家有很多可被利用的房屋，便于开会办公和安全保卫，又不惊扰村民。其三，华东野战军指挥部进驻草庙圩子，其主要目的就是为了便于指挥追击、包围从徐州出逃的杜聿明集团。草庙圩子离陈官庄战场仅20多千米，指挥部设在这里，比较靠近前线，便于了解敌情、指挥作战。

参考文献：
1. 丁贤飞.草庙村小村庄见证大决战[N].安徽日报，2021-06-27.

（文/图：李东海）

淮北

3. 小朱庄战斗烈士陵园

小朱庄战斗烈士陵园是为纪念缅怀小朱庄战斗中牺牲的革命英烈而建立的。

1944年8月,为摆脱中原危机,策应中原战役,恢复津浦路西抗日根据地,新四军第四师师长彭雪枫按照中共中央部署,率部向津浦路西豫皖苏边区进军。为破坏日伪调兵计划,20日彭雪枫率部越过津浦铁路,挺进路西。当时,盘踞在萧县以南的国民党苏北挺进军第四十纵队三个团的国民党顽固派王传绶部1500余人,以小朱庄为据点,与刘子仁、刘瑞岐、吴信元等部结成所谓的"东方战线",企图阻止新四军西进,彭雪枫率部与之斗智斗勇。21日,新四军发起自卫反击,包围了宿县东北的小朱庄。经充分准备,于23日13时发动攻击,第三十一团从西南方向、第三十二团由西北方向,一举突入圩内,经过两小时激战,将其大部歼灭。国民党残部从东南角突围逃跑时,被埋伏在河沟里的骑兵团包围,被杀伤大部,残余被迫投降,新四军大获全胜。小朱庄战斗打出了新四军军威,打开了西进

的大门,该地区的敌军土崩瓦解,新四军恢复并开辟了豫皖根据地,随后又接连粉碎顽军四个师又七个纵队的进攻,为晋冀鲁豫与淮北根据地连成一片,创造了极为有利的条件。

在小朱庄战斗中,新四军第四师104名指战员为国捐躯。小朱庄烈士陵园始建于1974年,2017年修缮,现成为缅怀先烈、教育后人的教育基地。2018年11月21日,陵园入选首批"淮北市党员干部党史教育基地"名单。

(文/图:李东海)

4. 淮海战役总前委小李家旧址

　　淮海战役总前委小李家旧址位于濉溪县韩村镇淮海村。1948年11月23日,为便于指挥围歼黄维兵团的作战,淮海战役总前委从临涣文昌宫连夜转移到临涣以东7.5千米、浍河北岸的小李家村,也就是现在的濉溪县韩村镇淮海村小李家。从1948年11月23日至12月30日,总前委驻小李家前后38天,在此指挥了围歼黄维兵团、阻击南北援敌以及追击、包围杜聿明集团的作战,取得了淮海战役第二阶段的胜利,并为下一步全歼杜聿明集团奠定了坚实的基础。总前委驻小李家期间,刘伯承、陈毅、邓小平等首长们多次召开重要军事会议,分析战场态势,研究制定一系列作战方案,为赢得淮海战役的全面胜利发挥了重要作用。

　　小李家红色博物馆建筑面积1108平方米。以"运筹小李家、决战大淮海"为展览主线,通过实物、图片、地图、沙盘等多种形式让观展者可以重温淮海战役中一些激烈的战斗场面,了解战争背后的故事。

　　1980年5月,淮海战役总前委小李家旧址被安徽省人民政府列为全省重点文物保护单位。2007年4月,被中共安徽省委、安徽省人民政府命名为第三届安徽省爱国主义教育示范基地。2017年,淮海战役总前委小李家旧址被批准为3A级旅游景区、淮北市首批爱国主义教育基地。2018年11月21日,入选首批"淮北市党员干部党史教育基地"。

(文/图:李东海/杨欣如)

淮北

5. 淮海战役双堆集烈士陵园

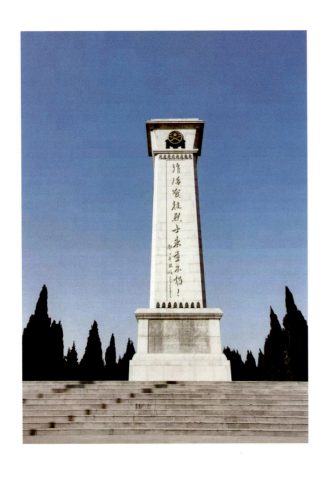

淮海战役双堆集烈士陵园位于濉溪县东南65千米的双堆集镇，于1976年开始筹建，占地面积10.6万平方米，分为烈士纪念碑、纪念馆和烈士墓等几部分。

烈士陵园坐西朝东，四面砖砌围墙，东西长368米，南北宽292米。陵园园门高大，横门上方镶嵌着已故中国书法家协会主席启功先生题写的"淮海战役双堆集烈士陵园"几个金灿灿的大字，正对大门的笔直的水泥路直通纪念碑。

纪念碑位于陵园中部，于1980年5月动工兴建，1981年10月1日落成。碑高22.5米，白色花岗岩砌成。碑基分为两层，第一层南北长31米，东西宽31米；第二层长宽各为25米。四面各有18级台级，并有青松环绕。纪念碑座正面镌刻纪念碑文，碑身正面刻有邓小平亲笔题词："淮海战役烈士永垂不朽！"上下两端环万年青图案。碑冠镶嵌淮海战役胜利纪念章浮雕。纪念碑前铺设水泥路面广场，面积约2100平方米。纪念碑后、尖谷堆脚下是烈士公墓和烈士单墓群。

陵园南部偏左是雄伟宽敞的淮海战役双堆集歼灭战纪念馆。纪念馆于1988年10月建成，长32米，宽28米，占地900多平方米。张爱萍为纪念馆题写了馆名。该馆造型美观，仿古屋檐覆盖着金黄色琉璃瓦，外墙为黄色，44面圆顶高窗分布于四周。敞开式正厅宽14米，高6.8米，进深10米。东、南、西三厅互相串通，连成一体。中央为一天井，面积98平方米。建筑整体色彩明快、简洁、大方，既有古典建筑特点，又有现代建筑风格。展厅陈列珍贵历史照片300余张，文物200余件，作战地图、图表、美术作品20余幅，并有电动沙盘模型1台。这些展品全面、形象地反映了淮海战役全貌。展出内容共分八个部分，以双堆集歼灭战为重点。第一至第七部分介绍了淮海战役全过程。第八部分为缅怀先烈厅，陈列着27位烈士的事迹、遗像和遗物。

1948年11月23日至12月15日，在淮海战役第二阶段中，人民解放军中原野战军主力与华东野战军一部发动了对国民党军的一次大规模村落攻坚战，前后22天。中国人民解放军中原、华东两大野战军并肩作战，经过阻击、包围、歼灭三个阶段的浴血奋战，在双堆集镇（当时属安徽省宿县，今属安徽省濉溪县）歼灭了国民党嫡系精锐部队黄维兵团。参战部队全体指战员不怕苦、不怕死，冒严寒、闯火海，连续作战奋不顾身，表现出一往无前、压倒一切敌人的英雄气概。中原、华东、华北各军区的地方武装和百万民兵、民工，艰苦奋斗，全力支援，为战斗的胜利作出了巨大贡献。

1995年12月，陵园成为安徽省首批爱国主义教育示范基地。2000年，陵园成为省级重点烈士纪念建筑物保护单位。2001年6月，陵园被中共中央宣传部列为全国第二批爱国主义教育示范基地、国家级重点烈士纪念设施保护单位。

参考文献：

1. 中共淮北市委党委和地方志研究室.淮海战役双堆集烈士陵园[EB/OL].(2019-05-23)[2022-09-01].http://dsdfz.huaibei.gov.cn/dhl/szcg/dscg/17820301.html.

2. 中共淮北市委党史和地方志研究室.淮北市委领导调研革命传统教育基地建设工作[EB/OL].(2021-02-03)[2022-09-01].http://anhuids.gov.cn/Home/Content/19866?Classld=6607.

（文/图：李东海）

6. 淮海战役总前委临涣旧址

淮海战役总前委临涣旧址位于濉溪县临涣镇文昌街北段西侧，即临涣古镇的文昌宫。文昌宫历史悠久，宋朝时是文人聚会和试选秀才的场所。古代耕读人家的出路唯有仕途，文昌帝自然就成了读书人拜谒的对象。

1948年11月11日，淮海战役开始的第五天，刘伯承、陈毅、邓小平在河南柘城张公店会合后又紧急南下，来到临涣集，中原野战军指挥部当时就设在临涣文昌宫。当天晚上，刘伯承、陈毅、邓小平在文昌宫的会议室召开了有杨勇、陈赓、陈锡联、秦基伟等纵队司令员参加的会议，研究部署攻打宿县和切断徐蚌线的军事战略。16日，由刘伯承、陈毅、邓小平任常委的淮海战役总前委成立，中原野战军指挥部同时成为了淮海战役总前委驻地。总前委在这里多次召开重要的军事会议，分析战场态势，研究制定了一系列作战方案，取得了淮海战役第一阶段的胜利，后又在此制定了第二阶段作战方案。

淮海战役总前委旧址分为南、北、中三进庭院,占地2916平方米。南院为淮海战役图文史料展区,用于展示历史史料。北院为文物展区,复原了刘伯承、陈毅、邓小平居室的原貌,陈列总前委领导开会办公用过的桌椅、马灯、发报机等文物,充分展现了当年革命先辈们在这里的艰苦生活和他们乐观的革命英雄主义精神。旧址现为全国重点文物保护单位、安徽省爱国主义教育示范基地。

参考文献:

1. 省委党史研究院(省地方志研究院).淮海战役旧址群(淮北、濉溪、宿州、萧县)[EB/OL].(2018-10-04)[2022-09-01].http://anhuids.gov.cn/Home/Content/14170=?Classid=6602.

2. 中共淮北市党委和地方志研究室.淮海战役总前委旧址文昌宫[EB/OL].(2019-05-07)[2022-09-01].http://ds-dfz.huaibei.gov.cn/dhl/szcg/dscg/17714751.html.

(文/图:李东海/杨欣如)

7. 群化团总部旧址

群化团总部旧址位于濉溪县临涣镇临涣集城隍庙。临涣城隍庙是一座四合院，东西长17米，南北长32米，占地544平方米，是临涣特色的旅游景点之一。1987年12月，临涣城隍庙（群化团总部旧址）被濉溪县人民政府列为全县重点文物保护单位。

1922年1月，朱务平、刘之武、徐凤笑、赵西凡、张华坤等返回家乡，在临涣集城隍庙召开会议，总结反封建斗争的经验教训，并在临涣创建了以"求得真知识，改造恶环境，推翻旧制度，实现真人生"为奋斗目标的组织群化团。会议推举朱务平、徐凤笑、刘之武、赵西凡、张华坤、谢文韶、陈文甫、段紫亮等为执行委员，其中朱务平、徐凤笑、刘之武为常务委员，这三人后来被称为"群化团三杰"。

群化团成立后，在报上公开发表了《群化团宣言》，并制作了一面红色大旗，把宣言全文写在上面，悬挂在群化团总部所在地临涣城隍庙门外。

1922年夏，朱务平等从外地回到临涣，组织召开了群化团执委会议。会议根据朱务平的建议，通过两项决议：一是扩大发展对象范围和地区。发展的对象不能只局限于青年学生，要在工农群众中进行广泛动员，使群化团成为各界进步青年都能参加的开放型组织。发展的地区要冲出临涣这一狭小范围，向百善、徐楼等周边地区扩展，并要求在外地读书的群化团员在当地发展团员、建立组织，积极参加各种社会活动。二是加强对外宣传和培训群化团员的工作。群化团订阅了《新青年》《觉悟》等进步刊物，供团员和广大青年阅读。他们还利用假期举办群化团员培训班，让每一位群化团员都成为符合群化团的具体要求、能够独立开展工作的专门人才。此外，群化团还开办了各种学习班和补习班，让广大青年学习文化，并向他们宣传马克思主义和进步思想。群化团很快成为了传播马克思主义的另一重要阵地。通过群化团员们的共同努力，群化团迅速发展，其活动范围先由临涣向周围的百善、徐楼、海孜、童亭、韩村、五铺等地扩展，后又向宿城、东三铺、水池铺、夹沟等地延伸。同时，在徐州、济南、南京等地读书的朱务平、刘之武、沈慈之、沈维干、李照奎等人在读书期间，也在同学中发展群化团员，建立群化团组织。各地群化团组织建立后，都积极参加当地的社会活动。群化团在鼎盛时期拥有团员1000多人，成为在皖、苏、鲁三省很有影响的进步组织。各地中国共产党组织和社会主义青年团组织吸纳了一批群化团领导同志为中国社会主义青年团团员或中国共产党党员。

参考文献：

1. 中共淮北市委党史和地方志研究院.群化团总部旧址[EB/OL].(2019-05-07)[2022-09-01]. http://dsdfz.huaibei.gov.cn/dhl/hshb/hsyj/17714371.html.

（文/图：李东海/杨欣如）

临涣烈士陵园

8. 临涣烈士陵园

临涣烈士陵园位于安徽淮北濉溪县临涣镇。这里安葬着临涣辖区内牺牲的部分英烈。濉溪县早期党组织的创始人——朱务平纪念馆也坐落在这里,为濉溪县爱国主义教育示范基地、淮北市文物保护单位。

朱务平,1899年10月25日出生在临涣镇朱小楼村。1923年4月,朱务平加入中国社会主义青年团,1924年6月加入中国共产党,是淮北地区党组织的重要创始人之一,先后在家乡成立了中国社会主义青年团临涣支部、安徽省第一个区农民协会、中共临涣支部、临涣特别支部等。其于1928年8月被任命为中共江苏省委特派员,负责在蚌埠及其周围部分地区开展党的工作,10月任中共徐海蚌特委委员,1929年6月任中共凤阳县委书记,1931年6月任中共长淮特委书记。1932年10月,因长淮特委遭破坏,他在蚌埠被捕,被押解至南京,11月在雨花台英勇就义,年仅33岁。

2018年1月,濉溪县委、县政府决定在临涣烈士陵园内建造朱务平烈士纪念馆,以缅怀革命先烈,弘扬烈士精神,继承发扬革命传统。纪念馆建筑面积100余平方米,其中收藏了关于朱务平烈士的图片近百张、文物十余件,淮北市委党史和地方志研究室还拍摄了视频"我们的英雄系列之朱务平烈士",全面反映其短暂而光辉的一生。

参考文献:

1. 中共安徽省委党史研究院(省地方志研究院).朱务平烈士纪念馆正式开馆[EB/OL].(2019-04-19)[2019-09-01].http://www.anhuids.gov.cn/Home/Content/?ClassId=6608&Id=17879.

(文/图:李东海)

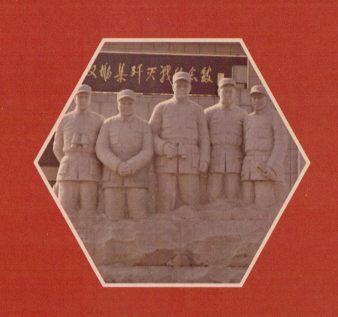

1. "四九"起义纪念馆

　　"四九"起义纪念馆,位于阜阳市颍泉区行流镇王官集行政村北侧,为纪念1928年中共皖北特委书记魏野畴在阜阳领导反抗国民党反动统治的起义而建。纪念馆现为省重点文物保护单位、省爱国主义示范基地、省党史教育基地,是阜阳及周边地区进行爱国主义和革命传统教育的重要场所。

　　土地革命战争时期,中国共产党在安徽组织了60多起武装暴动,其中,阜阳的"四九"起义较早。1928年2月,中共皖北特委将部分党员派到农村,配合当地党组织发动农民、组织农协和赤卫队,为发动起义做准备。4月9日,利用国民党兵力北上、防守空虚之际,中共党员魏野畴、昌绍先、杜聿德等率领起义士兵、农民赤卫队开始暴动,因攻城失利,起义一部撤至行流镇王官集,成立皖北苏维埃政府,颁布法律、组建红军队伍、打土豪、分田地,引起了国民党反动派的恐慌和仇视,国民党留守司令高桂滋集结军队2000余人包围行流集,红军仓促迎战,失利后被迫转移。昌绍先、杜聿德、苗勃然、胡英初等80余人牺牲,起义总指挥魏野畴被捕后英勇不屈,惨遭国民党杀害。起义虽然以失败告终,

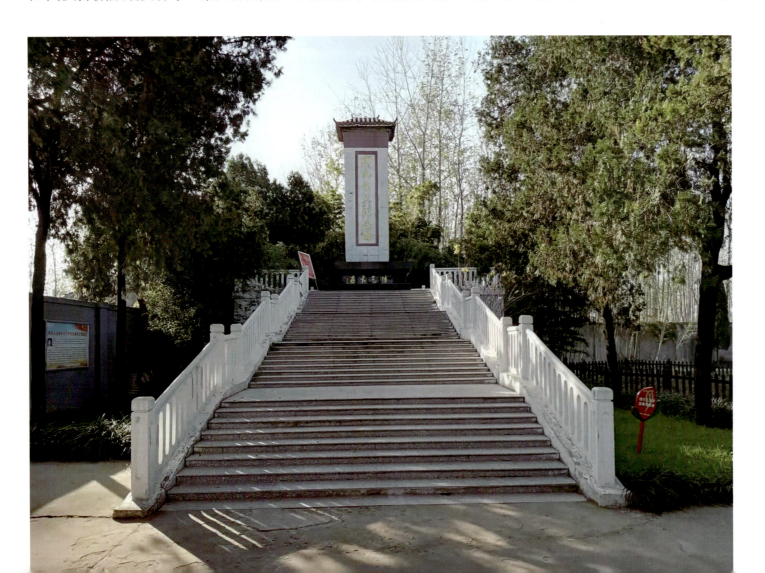

但却打响了我党在皖北反抗国民党反动派的第一枪,播下了皖北革命的火种。新中国成立后,为纪念"四九"起义死难的烈士,当地政府决定在王官集建立"四九"起义纪念馆。

纪念馆始建于1959年,后于1987年、1995年两次扩建,占地面积约1万平方米。入馆前,映入眼帘的是一方汉白玉革命纪念碑,纪念碑下方台阶为四级九阶,寓意"四九",纪念碑庄严肃穆,苍松环绕,昭示着先烈们的不屈英魂和丰功伟绩。纪念馆门前,可以看到一棵枝繁叶茂的枣树,是起义总指挥魏野畴亲手所植的。馆内现有展室三间,主题分别为"深重灾难的阜阳""阜阳'四九'起义""缅怀先烈、建设阜阳",其中收藏了许多烈士的珍贵遗物,包括许多重要的照片和书信。除此之外,纪念馆的设计也别出心裁,其中点缀着一些特色景点,如碑映曙光、枣林月影、竹林鸟鸣、丹桂飘香、松柏傲雪、新月抱荷、曲径通幽、血染干沟等。

参考文献:

1. 中共安徽省委党史研究室,安徽省旅游局.安徽省红色旅游指南[M].北京:中共党史出版社,2014.
2. 李义彬.西安事变史略[M].北京:社会科学文献出版社,2016.

(文/图:刘佳)

2. 淮海战役颍河阻击战遗址

淮海战役颍河阻击战遗址,位于阜阳市城东12千米颍河北岸的袁寨镇魏沟闸附近,建有淮海战役颍河阻击战烈士纪念碑,用于纪念在淮海战役中中国人民解放军在颍河岸边英勇阻击国民党精锐黄维兵团,这一伟大壮举。2017年,该遗址被阜阳市人民政府确定为阜阳市文物保护单位。

1948年9月至1949年1月,在中国共产党的领导下,中国人民解放军发动了波澜壮阔的"三大战役",其中,淮海战役是解放军歼敌数量最多的。解放军在包围徐州之后,蒋介石命黄维兵团东进救援,妄图合兵一处,打乱解放军的战略部署。1948年11月14日,黄维的十二兵团先头部队抵达阜阳,中原野战军和地方部队以一个连的兵力在颍河对岸阻击敌军过河,在敌军的猛烈进攻下,我军将士死战不退,成功打破国民党军的渡河阴谋。此战当中,有28位战士英勇牺牲,民众收敛了12具烈士遗骸并埋葬在此。新中国成立后,为了纪念这次光荣的阻击战,人们在解放军战斗过的地方建立了纪念设施。

进入遗址,首先映入眼帘的是2015年所建的一座纪念碑,刻有"淮海战役颍河阻击战烈士纪念碑"14个金光闪闪的大字。纪念碑的正面刻有淮海战役颍河阻击战的简介,东侧刻着牺牲的28位烈士的姓名,西侧则是淮海战役决战的示意图。纪念碑的周边就是当年的战斗遗址,虽然早已不见当年的战斗痕迹,但为了让人们能够了解当年的历史,工作人员在周边设立了许多简介栏,通过详细的文字向民众诉说着中国共产党和人民军队的光荣历史。

参考文献:
1. 刘统.决战:华东解放战争1945—1949[M].上海:上海人民出版社,2017.

(文/图:刘佳)

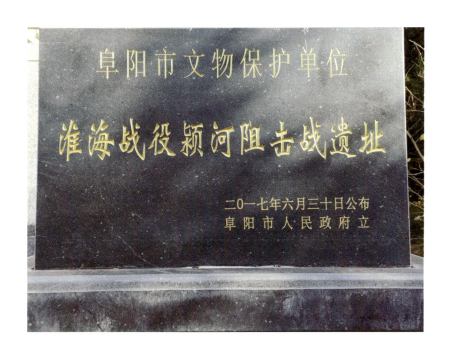

3. 中共太和第一届县委旧址

中共太和第一届县委旧址位于太和县北大街天主堂院内,中国共产党在太和地区成立的第一届县委曾在这里办公。旧址 2016 年 4 月成为县级文物保护单位,2017 年 6 月成为市级重点文物保护单位。

1927 年,蒋介石背叛革命之后,中国革命陷入低潮。这一时期驻扎在阜阳太和地区的杨虎城部具有革命倾向,中国共产党人为了联络杨虎城共同反蒋,派魏野畴、南汉宸、蒋听松等多名党员到杨虎城军中开展工作。经过一段时间的发展,杨虎城部队中的中共党员增加到 200 多人,后以魏野畴、南汉宸等人为领导组成了中共皖北特委,领导皖北地区的革命。在中共皖北特委的领导下,中共太和第一届县委成立,蒋听松任县委书记,负责这一地区的革命工作。后为纪念第一届太和县委的成立,遂将蒋听

松等人的办公地点作为红色建筑文物保护起来。

中共太和第一届县委旧址原本是一座天主教堂,被称为神父楼,是清朝末年在此传教的法国传教士出资兴建的。该建筑现在占地面积为250平方米,是一座二层砖石建筑。旧址两扇院门目前保存完好,用粗壮的木条锢以厚实的铁片,虽经数十年甚至百年,却仍很结实牢固。屋内建筑经过重修之后,已经焕然一新,墙面洁白,楼梯为黄木地板,屋顶为红木青砖,适当保留了革命年代的一些原貌,成为太和及周边地区民众接受红色革命洗礼的教育基地。

参考文献:
1. 李义彬.西安事变史略[M].北京:社会科学文献出版社,2016.

(文/图:刘佳/刘倩、张龙龙)

阜阳

1. 渡江战役总前委孙家圩子旧址

渡江战役总前委孙家圩子旧址,位于蚌埠市蚌山区燕山乡孙家圩子村,是为纪念邓小平、刘伯承、陈毅、粟裕等老一辈革命家所指挥的渡江战役而建的。旧址1998年成为市级文物保护单位,2004年成为省级文物保护单位。

1949年初,辽沈、淮海、平津三大战役结束,国民党的精锐主力丧失大部,解放军渡过长江,解放全中国的时机基本成熟。2月11日,根据中共中央军委的决定,由邓小平、陈毅、刘伯承、粟裕、谭震林五人组成的淮海战役总前委转为渡江战役总前委,直属中央。3月22日,总前委和华东局负责人陆续抵达蚌埠南郊的孙家圩子,开始渡江战役的动员、准备工作。在这里,邓小平主持制定了《京沪杭战役实施纲要》等一系列重要文件,吹响了渡江战役全面准备的号角。孙家圩子一度成为了筹划渡江战役的指挥中心,在解放战争史、中国军事史上占有一席之地。

新中国成立以后,孙家圩子旧址保留原貌,主要由会议室和邓小平、陈毅、刘伯承等同志的旧居构成。但由于旧址建筑多为泥草屋,经历了历史和风雨的洗礼后,损毁严重。为了更好地保护革命遗址,当地政府在2004年投入大量资金对其进行修复、扩建。为了再现老一辈无产阶级革命家的生活原貌和革命风采，对旧居、会议室、食堂等采取了"修旧如旧"的原则，尽量保持原貌、还原历史。同时，增建了陈列展览区，分别命名为：将星耀珠城、淮畔定方略、决胜千里外、利剑向江南、送军过长江，并在其中放置了大量模型、图片、影像和革命文物，生动形象地还原了渡江战役前后孙家圩子将星云集、军容鼎盛的伟大历史场景。

新扩建的纪念馆占地约1.4万平方米，房屋建筑面积1230平方米，展览面积约1100平方米。纪念馆于2008年12月26日初步建成，是安徽省红色旅游示范基地和开展爱国主义教育、革命传统教育的重要阵地。2016年12月，孙家圩子旧址入选《全国红色旅游景点景区名录》。

参考文献：

1. 刘统.决战[M].上海：上海人民出版社，2017.
2. 张海鹏.中国近代通史[M].南京：江苏人民出版社，2009.
3. 中共安徽省委党史研究室.安徽省重要革命遗址通览：总第13卷第1册[M].北京：中共党史出版社，2012.

（文/图：刘佳/雷乐街）

2. 淮北西大门抗战烈士陵园

淮北西大门抗战烈士陵园，位于固镇县任桥镇清凉村，是为悼念抗日战争时期英勇牺牲于此的2400多名烈士而建的。2005年，淮北西大门抗战烈士陵园被列为固镇县爱国主义教育示范基地，2006年成为蚌埠市爱国主义教育示范基地。

抗战时期，新四军在南下八路军的支持下，创建了淮北抗日根据地，其中以固镇县任桥镇清凉村为中心方圆百里是苏皖边区唯一一块没有建立伪政权的地方。此地地理位置极为重要，东接江苏、西连河南，具有很高的军事战略价值，彭雪枫、黄克诚、张爱萍、张震等一大批赫赫有名的将领都曾在此战斗过，彭雪枫称赞此地是"淮北西大门"。面对日伪的疯狂进攻，八路军和新四军战士在此激烈抵抗、反复鏖战，2400多名英烈长眠于此。抗日战争胜利之后，为了纪念和缅怀牺牲的抗日烈士，当地政府在清凉村修建了烈士陵园。但由于这里具有重要的战略价值，在淮海战役中再次受到战火波及，毁于一旦。

目前陵园占地约22亩，前有一座9米高的红色门楼，由开国上将张震题写的"淮北西大门抗战烈士陵园"园名嵌于其上。进入陵园大门，迎面便是一块篆刻着"铁血军魂"字样的黑色石碑，石碑后方是一块高达19.45米的缅怀抗

日烈士的纪念碑，上面有张爱萍亲手所书的"抗战烈士万古长青"八个苍劲大字。陵园内现有24座墓碑，记载着烈士们的英雄事迹，整个陵园内安葬着2400多位抗战英烈。为了更好地向民众呈现历史，陵园设立了9个陈列区，用于展示一些珍贵文物，如张震使用过的马鞭、张爱萍的生活用品，以及许多珍贵的老照片等。

淮北西大门抗战烈士陵园目前已成为广大民众，特别是青年学子接受爱国主义和革命传统教育的基地。广大爱国将士浴血奋战、视死如归的爱国主义精神历久弥新，激励今天的人们为实现民族的复兴而不懈奋斗。

参考文献：

1. 中共安徽省委党史研究室，安徽省旅游局.安徽省红色旅游指南[M].北京：中共党史出版社，2014.
2. 中共安徽省委党史研究室.安徽省重要革命遗址通览：总第13卷 第1册[M].北京：中共党史出版社，2012.

（文/图：刘佳/李小龙）

3. 新四军淮上行署旧址

新四军淮上行署旧址,位于怀远县龙亢镇新龙大街南火神巷内,为纪念彭雪枫、黄克诚等领导的新四军第四师(原八路军第四纵队)和淮上民众不屈不挠抗击日寇的英勇事迹而建。旧址2000年10月成为怀远县重点文物保护单位,2012年6月成为安徽省重点文物保护单位。

1938年后,抗日战争进入相持阶段,彭雪枫领导的新四军游击支队活跃于豫皖地区,与后来南下的八路军黄克诚第二纵队合编为八路军第四纵队。1940年7月,第四纵队开辟淮上抗日根据地,在龙亢建立淮上地委;后根据中央指示,改称豫皖苏边区淮上行政公署。1941年初,皖南事变发生后,中共中央对新四军进行整编,八路军第四纵队被整编为新四军第四师,所以淮上行署也称新四军淮上行署,辖凤台、怀远、蒙城、宿南、宿东五县。龙亢成为当时淮上抗日根据地政治、军事、经济、文化中心。在这一区域内,彭雪枫领导军队打击日军、扫除匪患、建立政权、培养干部、壮大队伍,得到了民众的广泛支持,为皖北抗战作出了极大贡献。

新四军淮上行署的旧址不仅是宝贵的革命遗址,也是一个颇具皖北特色的近代民居。遗址建筑面积300多平方米,两进一院,有房屋20间,前后进各有房屋10间,面西的主客厅为淮上行署办公室和会议室,彭雪枫、黄克诚、张震等新四军将领经常到主客厅议事办公;南侧两间为淮办负责同志的宿舍;面东的对厅为淮办工作人员的宿舍,堂屋则为宿舍;北院正对的三间房屋南边有一月亮门,北院稍外有一隐蔽墙,北院为警备人员驻地。

新中国成立后,该遗址受到重视,当地政府多次拨款进行修缮。2001年设立新四军淮上行署纪念馆。展馆内的一张张反映当年淮上抗战的照片、一件件历经战火硝烟的抗战遗物,无一不在向今人诉说着淮上抗日新四军英勇奋战的光辉历史。

参考文献:

1. 北京新四军暨华中抗日根据地研究会淮北分会,江苏省泗洪县新四军历史研究会.邓子恢淮北文稿[M].北京:人民出版社,2009.

2. 吴敏超.抗战变局中的华东[M].北京:社会科学文献出版社,2020.

3. 蚌埠市政府办.新四军淮上行署旧址[EB/OL].(2022-03-14)[2022-09-01].http://www.bengbu.gov.cn/zjbb/bbfc/msgj/19413121.html.

4. 中共安徽省委党史研究室,安徽省旅游局.安徽省红色旅游指南[M].北京:中共党史出版社,2014.

1. 赵策烈士陵园

赵策烈士陵园,坐落于淮南市寿县隐贤集南约1千米的淠河边,为纪念为中国共产党的革命事业和民族解放事业而牺牲的烈士赵策而建。

赵策,1909年生,安徽寿县隐贤集人,中共党员。赵策出生于书香门第,其祖父赵吉甫为清代秀才,以塾师为业,资产阶级革命运动兴起后,其受新思潮影响,创办了新式学堂——三育公学。其父赵锡庆也是著名的教育家,他子承父业,接手父亲兴办的三育公学,帮助贫困家庭子女就学,用新式教育方法培养出了大批人才,并且积极支持党的革命事业。赵策受到祖父、父亲的影响,立志为民族的独立和人民的幸福而奋斗。他先是加入了孙中山的国民党,反对军阀统治;蒋介石叛变革命之后,

赵策毅然退出国民党，加入中国共产党，为革命事业、抗日事业不断奔走呼号。1934年5月，赵策被逮捕，面对敌人的酷刑，他守口如瓶，保守了党组织的秘密。敌人无计可施，在折磨了他40多天后将其杀害。赵策用年轻的生命践行了他对民族、对党、对国家的誓言。赵策壮烈牺牲后，遗体被运回家乡，安葬在隐贤镇南的沘河边。新中国成立后，寿县政府重修了赵策的陵墓，并将其遗物收入皖西革命烈士纪念馆。

参考文献：

1. 中共寿县县委党史办公室.中共寿县党史人物[M].合肥:安徽人民出版社,1990.

（文/图：刘佳）

2. 中共寿凤临时县委旧址

中共寿凤临时县委旧址（宓子祠），位于淮南市寿县瓦埠镇，为纪念中共寿（县）凤（台）临时委员会成立而建。

1927年，大革命失败后，蒋介石、汪精卫先后叛变革命，大肆屠杀共产党员。面对严峻的革命形势，中央决定恢复和加强对各地党组织的领导。遵照中央指示，中共安徽省临时委员会成立，并决定恢复安徽各级地方党组织，积极开展工农运动和武装斗争。在此背景之下，一大批寿县、凤台籍的共产党员受组织的委派返回家乡联络当地的党员，组织群众，开展革命。同时，中共安徽临时委员会任命曹广化为中共寿凤临时县委书记，方敦一、张晏、洪克杰、仇西华、曹鼎、石德伦、薛卓江、王墨林、吕岳等为委员。县委成员返回家乡后，以教师为公开身份，自上而下地恢复、整顿和发展组织，开始了寿凤两县的组织、宣传、工运和农运工作。中共寿县临时委员会的成立为寿县周边地区的党组织建设奠定了基础，为皖北乃至整个安徽地区的革命运动发展作出了不可磨灭的贡献。

由于寿凤临时县委的委员多以教师的身份开展活动，所以中共寿县第二、第三、第四次党代会均在瓦埠小学举办，因此瓦埠小学即为中共寿凤临时县委的旧址。这一旧址还有另一个名称，即"宓子祠"，传闻春秋时期孔子的弟子宓子贱曾经在此讲学，病葬于此，后人感念宓子贱的学问风骨，遂在此建立了宓子祠，后来成为了瓦埠小学。今天的中共寿凤临时县委旧址不仅承载着红色革命文化，还承载着中国传统文化。当地政府十分重视对这一历史遗迹的保护修缮，努力将其建设成为优质的寿县干部教育基地和红色文化育人基地。

参考文献：

1. 中共淮南市委党史研究室.中共淮南地方史[M].北京：中共党史出版社，2005.

（文/图：张亮/刘佳）

淮南

3. 中共寿县小甸集特支纪念馆

中共小甸集特支纪念馆,位于淮南市寿县瓦埠湖东岸的小甸镇,为纪念安徽省第一个农村党组织——中共小甸集特支的成立而建,是安徽省廉政教育基地、中共淮南市委党史教育研究基地和领导干部廉政教育基地、中共寿县县委党史教育基地。

1921年,中国共产党在上海成立。寿县籍青年学子曹蕴真、徐梦周、薛卓汉、徐梦秋等人当时在上海大学就读,并加入了中国共产党。1923年冬,受上海大学党组织的委派,曹蕴真、徐梦周等党员回到寿县发展党员、发动群众,在小甸集小学成立中共寿县小甸集特别支部,曹蕴真任特支书记,直属于党中央领导。特支成立后,积极发动群众、宣传革命思想,点燃革命的火种。

新中国成立后,当地政府对特支成立遗址进行了保护。近年来,随着红色旅游的兴起,当地政府充分挖掘本地的红色文化,在中共小甸集特支遗址周围,先后建成了安徽第一面党旗纪念园、革命烈士曹渊故居等一批红色文化展示区,形成了融中共小甸集特支纪念馆、淮上中学补习社、寿县革命烈士纪念碑、寿县革命烈士陵园为一体的红色纪念地。

参考文献:

1. 中共六安市委党史和地方志研究室.中国共产党安徽省六安历史:第一卷 1923—1949[M].北京:中共党史出版社,2021.

(文/图:刘佳/张亮)

淮南

4. 中共寿县第一次代表大会旧址

中共寿县第一次代表大会旧址,位于安徽寿县寿春镇红星社区照壁巷1号,为纪念在此召开的中共寿县第一次代表大会而建。旧址1994年10月成为县级重点文物保护单位,2012年6月成为安徽省文物保护单位。

1928年,皖北特委派遣特派员来到寿县,发动党员群众,在此召开了反对蒋介石叛变革命的大会。大会结束后,举办了中共寿县第一次代表大会,大会传达了八七会议精神,批评了陈独秀右倾机会主义的错误,决定发展群众组织,举行武装反抗国民党反动统治的暴动。在这次会议上,选举产生了寿县第一届县委,包括书记王影怀,委员薛卓汉、孙一中、曹文化等。此后,寿县地区的革命人士在县委领导下开展了一系列轰轰烈烈的革命运动。新中国成立后,为了纪念中共寿县第一届代表大会的成立,当地政府对会议旧址进行了很好的保护。

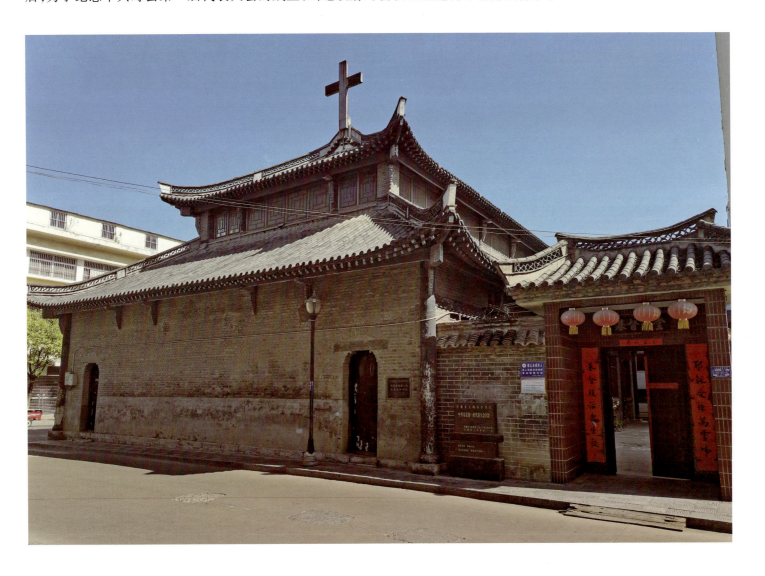

会议旧址是一座1924年美国传教士出资建设的仿中式建筑,也是安徽现存的年代较早的砖混建筑。作为具有重要历史意义的革命建筑,旧址见证了寿县一大的召开和寿县党组织百折不挠、发展壮大的奋斗历程。

参考文献:

1. 中共寿县县委党史工委办公室.寿县革命史[M].合肥:安徽人民出版社,1992.

(文/图:刘佳/张亮)

淮南

1. 半塔保卫战旧址

　　半塔保卫战旧址位于来安县半塔镇。1940年3月，著名的"半塔保卫战"在此打响。为纪念在这一战役和在当地抗日战争中英勇牺牲的烈士，当地于1944年在半塔保卫战旧址上开始建设半塔革命烈士纪念塔，后因新四军战略转移而停建，1960年建成半塔烈士陵园。1982年，半塔保卫战旧址成为省级重点文物保护单位，2006年5月成为全国重点文物保护单位。

　　半塔古称"白塔"，历史悠久，因塔倒塌后，仅存半个塔，故名"半塔"，当地亦称"半塔集"。半塔集地处苏皖两省的盱眙、天长、来安、六合、嘉山五县交界处，四周丘陵起伏，地形险要，山势如环，战略地位十分重要，在抗日战争时期是新四军在津浦路东的活动中心。1939年秋，罗炳辉司令员带领的新四军第五支队来到来安，开辟了以半塔为中心的津浦路东抗日游击根据地，初步打开了路东敌后抗战的局面。然而以蒋介石为首的国民党顽固派在"攘外必先安内"的政策指导下，消极抗日，积极反共。1940年3月，蒋介石命令国民党安徽省政府主席李品仙率领桂系顽军进攻津浦路西抗日根据地。乘路东新四军主力西援，江苏省政府主席韩德勤率领韩系顽军，集万余兵力进攻半塔地区。保卫战中，浴血奋战、不畏强敌的根据地军民创造了以少胜多、以弱胜强、固守待援的范例，为淮南抗日根据地的建

立创造了有利的先决条件。

　　为纪念在半塔保卫战中英勇牺牲的革命先烈，1944年，根据地军民在半塔保卫战主战场所在地开始兴建烈士纪念塔。1946年6月全面内战爆发，工程停建。新中国成立后，来安人民为纪念先烈丰功伟绩，于1958年开始续建半塔烈士塔，并以纪念塔为中心，建造了一座烈士陵园，1960年落成。现陵园占地17.3万平方米，中心有一座烈士纪念塔，高10米，为四棱台体。塔顶屹立着一尊身背斗笠和大刀、荷枪远视、威武雄壮的新四军战士雕像。塔的正面刻有陈毅题写的"革命烈士永垂不朽"八个大字，背面为著名书法家张恺帆的题词。塔的正前方立着大理石纪念碑，上面刻有张云逸于1964年5月1日撰写的《半塔烈士纪念碑记》，叙述了"半塔保卫战"战斗始末，塔两侧前方有一对造型别致的琉璃瓦凉亭，西侧为革命文物陈列馆和半塔革命纪念馆。纪念馆陈列有历史照片142幅、烈士碑刻2块，还陈列了新四军使用过的武器、用具、证件和货币等。

参考文献：

1. 汪寅.来安半塔保卫战旧址保护规划研究[D].合肥:安徽大学,2013.

（文/图：夏淑娟）

2. 嘉山县抗日民主政府旧址

嘉山县抗日民主政府旧址，位于明光市自来桥镇，为县级文物保护单位、滁州市爱国主义教育示范基地、安徽省文物保护单位。

嘉山县抗日民主政府是1940年3月中国共产党在自来桥建立的皖东津浦路东第一个抗日民主政权。在嘉山县抗日民主政府的领导下，抗日根据地军民进行了的艰苦卓绝的抗日斗争。

1939年5月10日，中共苏皖省委派皖东津浦路东临时前敌委员会书记方毅、委员朱绍清指挥的新四军第四支队挺进纵

队和汪道涵任团长的第四支队战地服务团挺进津浦铁路以东,在嘉山、来安、盱眙等地发动群众抗日。1940年春,在中共中央中原局和新四军江北指挥部领导下,皖东地区军民取得了反"扫荡"、反"摩擦"斗争的胜利。3月中旬,嘉山县抗日民主政府成立,隶属皖东津浦路东联防办事处,设民政科、文教科、财政科、粮食科、军法处五个科室,原上海市委书记、上海市长、海协会会长汪道涵担任首任县长。该县政府下辖津里、自来桥、潘村、古沛四个区,共24个乡,县政府驻地自来桥镇。

嘉山县抗日民主政府旧址是明光市仅存的一处较为完整的革命历史旧址。2012年3月,明光市启动嘉山县抗日民主政府纪念馆建设工作。2013年3月27日,建成开馆。纪念馆总面积3840平方米,其中保留民国时期建筑面积为370平方米。该建筑为四合院形式,主体建筑已损毁,现仅存南北厢房共28间,分别为汪道涵办公室、汪道涵卧室、会议室、民政科办公室、文教科办公室、财政科办公室、粮食科办公室、军法处办公室。新建纪念馆为三层仿古建筑,约1100平方米,主体建筑一层为嘉山县抗日民主政府史料展,二层为嘉山县首任县长汪道涵生平事迹展。

参考文献:

1. 中共滁州市委党史和地方志研究室.嘉山县抗日民主政府纪念馆[EB/OL].(2021-04-01)[2022-09-01].http://www.chuzhou.gov.cn/ztzl/xjdzcfflpxxdhxczjszxpz/fjxzczcxhh/hsjy/1109778230.html.

(文/图:夏淑娟/李昱立)

3. 抗大八分校旧址

抗大八分校旧址（中国人民抗日军政大学第八分校纪念馆）位于天长市铜城镇龙岗社区，它是目前全国14所抗大分校旧址中保存最为完好的一所，现已成为全国国防教育示范基地、全国宗教场所爱国主义教育示范基地、全国红色旅游和地市级爱国主义教育示范基地、省市级国防教育基地和反腐倡廉教育基地。

抗大八分校前身是成立于1940年5月的新四军江北军政干校。皖南事变后，新四军江北指挥部所属部队被整编为新四军第二师，原新四军江北军政干校改编为新四军第二师军政干校。为适应形势发展，号召外地知识青年来根据地受训，经刘少奇提议，中央军委同意，新四军第二师军政干校改为抗大分校，归第二师直接领导，同时与抗大总校建立联系。遵照中央军委的指示，第二师军政干部学校于1941年5月4日改为抗大第八分校，并充实干部、扩大招生。新四军副军长、二师师长张云逸兼任第八分校校长，第二师副师长罗炳辉兼任副校长，校址设在天长张公铺，下设政治部、军事训练处、文化教育处、供给处等。

1941年5月底，日军对淮南津浦路东地区发动了大规模"扫荡"，学校撤出张公铺，经葛家巷、曾家营、铜城等几地辗转，迁至天长东北部的龙岗镇，直到1943年4月离开龙岗回到张公铺继续办学。抗大八分校虽多次迁移，但基本都在天长境内，其中驻龙岗时间最长。抗大八分校成立四年多，共开办四期培训班，培训了2500余名军政干部，为新四军第二师和淮南抗日根据地输送了大批军政人才。1945年8月，抗日战争战略反攻全面展开后，第四期学员（也是最后一批学员）即被分配到前线部队，投入对日军的最后一战。自此，第八分校胜利完成了自己的历史使命。

抗大八分校旧址规模较大，保存完好的有教室旧址、校务部旧址、政治部旧址等共16处，房屋100余间。现存建筑均建于清至民国时期，其中真武庙为学员教室旧址、学员二队驻地旧址。真武庙始建于元惠宗元统二年（1334年），早年被毁，现存建筑建于清嘉庆十八年（1813年），有房屋24间和1座藏经楼，正殿3间为学员二队教室旧址，偏殿3间为学员二队驻地旧址，1985年被安徽省人民政

府列为省级重点文物保护单位。近年来,天长市政府以及省文物部门曾多次拨款对部分旧址进行维修,重点对12处旧址进行了全面的修复和保护,修复了地道、碉堡这两处旧址,从部队借来了退役的歼6战斗机、62式轻型坦克、122榴弹炮等武器装备,复原了当年抗大生活的部分场景,并于2006年新建了3500平方米的抗大八分校纪念馆,2008年12月正式对外开放,成为人们了解抗大历史的一个新的窗口。

参考文献:

1. 乔国营.保护革命旧址传承红色基因:以龙岗抗大八·九分校旧址群为例[J].中国文物科学研究院,2018(2):49-51.

(文/图:夏淑娟)

4. 藕塘烈士陵园

藕塘烈士陵园及纪念馆位于定远县藕塘镇,抗战期间是中国共产党领导的全国19块抗日革命根据地之一淮南抗日根据地的重要组成部分,被称为"小莫斯科"。1938年,新四军挺进皖东,创建以藕塘为中心的淮南津浦路西抗日根据地。老一辈无产阶级革命家刘少奇、叶挺、张云逸、邓子恢、徐海东、罗炳辉、赖传珠、谭震林、郭述申、方毅、张劲夫都曾在这里战斗和生活。藕塘烈士陵园于1944年建成,1946年被国民党炸毁,1964年重建,1989年被列为安徽省第一批省级重点烈士纪念建筑物。

现存陵园由藕塘纪念碑、烈士塔和藕塘纪念馆三部分组成。其中纪念馆内主要陈列刘少奇抗日战争时期在藕塘地区革命活动的史料,皖东军民与日军浴血奋战的历史照片、实物,为抗日牺牲和作出贡献的著名烈士遗像、遗物及烈士英名录。

参考文献:

1. 滁州市地方志编纂委员会.滁州市志:上[M].北京:方志出版社,2013.

(文/图:夏淑娟)

滁州

5. 小岗村旧址

小岗村旧址位于凤阳县小岗村。1955年成立互助组时,因地处岗地,故起名"小岗互助组","小岗"由此得名。2017年6月,大包干发源地小岗村被评为"滁州市重点文物保护单位",2019年4月被列为安徽省省级文物保护单位,2019年10月,小岗村旧址被国务院列入第八批全国重点文物保护单位名单。小岗村先后获评全国十大名村、全国文明村、全国生态文化村、中国美丽休闲乡村、全国民主法治示范村、全国法治宣传教育基地、

全国乡村治理示范村、全国乡村振兴示范村、国家4A级旅游景区、安徽省爱国主义教育示范基地、安徽省历史文化名村等荣誉称号。

小岗村是一块神奇的土地,短短40年时间,先后孕育诞生了享誉全国的"大包干"精神和"沈浩"精神。1978年冬,小岗村18位农民立下生死状,以"托孤"的方式,冒险在"分田到户"契约书上按下鲜红手印,实施了农业"大包干",从而拉开了中国农村改革的序幕,小岗村因此被誉为"中国农村改革第一村"。2004年2月,安徽省财政厅沈浩同志受省委选派到小岗村担任第一书记。2009年11月6日,沈浩因长期积劳成疾,倒在了自己的工作岗位上。他在六年的时间里一心一意为小岗谋发展、为村民谋利益,使小岗村走上了发展的快车道,使之发生了翻天覆地的变

化。他以一心为民、扎根基层的奉献精神，赢得了小岗村民的衷心爱戴。"大包干"精神和"沈浩"精神共同汇聚成为改革创新、敢为人先的"小岗精神"。

小岗村也是一块政治高地，江泽民、胡锦涛、习近平三任党和国家主要领导人先后亲临小岗视察。特别是2016年4月25日，习近平总书记在小岗村主持召开农村改革座谈会并发表重要讲话，强调指出"中国要强农业必须强、中国要美农村必须美、中国要富农民必须富"，对全国"三农"工作提出"三个坚定不移"总要求，同时指出："当年贴着身家性命干的事，变成中国改革的一声惊雷，成为中国改革的标志"，进一步确立了小岗村作为中国农村改革主要发源地和中国改革标志的历史地位，在小岗村发展历史上具有重要里程碑意义。

参考文献：
1. 董晓日,范鹏,徐驰,等.小岗村红色文化创意产业"设计战略"模式构建[J].延边大学农学学报,2020(2):92-101.
2. 贾鸿彬,严金昌.小岗村的这些年[J].中外书摘,2019(4):48-52.

（文/图：夏淑娟/程自强）

6. 中共苏皖省委旧址

中共苏皖省委旧址位于滁州市南谯区章广镇。旧址面积约为106平方米,原址四合院正房和东厢已拆,现存新四军召开会议的演讲台及当年使用过的水塘、井等遗址,尚存有刘少奇曾居住过的西厢房一间,除墙、屋等曾修整外,门、窗、桌子、灯具均保留原样。旧址现为滁州市级文物保护单位。

1939年4月,中共中央中原局决定撤销皖东工委,成立中共苏皖省委,省委机关驻地设在全椒县马厂。同年7月,中共苏皖省委迁移至此,同时,抗日联合中学、路西联防司令部迁至章广镇瓦屋薛。1939年11月,中原局书记刘少奇一行到达皖东。11月至次年2月间,刘少奇(化名胡服)在此召开了第一次中原局会议和新四军江北指挥部会议,张云逸、徐海东、郭述申、邓子恢、罗炳辉曾在此参加会议,讨论了发展皖东及华中工作的战略部署和具体措施,解决了皖东和华中抗日斗争的方针政策问题,决定撤销中共苏皖省委,组建中共皖东津浦路东、中共皖东津浦路西两个省委,这对开创华中抗战局面起了重大作用。到1940年2月,新四军第四、第五支队由原来的7000余人扩大到15000余人,地方游击队发展到5000余人,党组织和抗日群众团体得到普遍发展。

参考文献:
1.《滁州历史文化遗存》编辑委员会.滁州历史文化遗存[M].合肥:安徽人民出版社,2003.

(文/图:夏淑娟/朱英杰)

滁州

7. 周家岗烈士陵园

周家岗烈士陵园位于全椒县石沛镇周家岗村,2005年7月成为滁州市爱国主义教育示范基地,2012年11月成为市级革命烈士纪念设施。

抗日战争时期,石沛镇周家岗是全椒境内抗日根据地的政治、军事中心,县委、县政府长驻在这里,这里也是津浦路西抗日根据地中心藕塘的南部屏障,战略地位十分重要。

1938年,新四军四支队与战地服务团挺进周家岗,宣传抗日思想,建立农抗、青抗、妇抗自卫队和儿童团等群众团体,发展中共地下组织,开辟抗日民主根据地。1939年2月,程启文、郑时若、汪道涵等率领新四军第四支队战地服务团到达周家岗,开展抗日宣传和发动群众工作,成立中共周家岗直属区委,创建了抗日战争时期皖东地区最早的县级党组织。

1939年12月21日,这里爆发了著名的周家岗反"扫荡"战斗,新四军第四支队在新四军江北指挥部副

指挥兼第四支队司令员徐海东指挥下,粉碎了日军、伪军的"扫荡"。周家岗反"扫荡"战斗的胜利,对巩固和发展皖东抗日根据地具有重要意义。1940年春,周家岗成立乡、区、县抗日民主政府,组建中共全椒县委,开展轰轰烈烈的抗日救亡群众运动。1941年10月,国民党顽固派调动了两个团的兵力,侵占周家岗,搜查中共地下组织,新四军四旅奉命发起对周家岗的攻坚战,四天四夜,歼灭国民党顽固派军队500余人,残敌仓惶溃逃,新四军一举收复周家岗。这次攻坚战的胜利对巩固、扩大淮南、路西一带抗日根据地,夺取抗日战争最后胜利,起到了一定的推动作用。

　　1944年底,为纪念在周家岗攻坚战斗中牺牲的新四军第二师四旅十团二营营长朱文斌等20余名烈士,全椒县抗日民主政府在周家岗街北建造了三座公墓,掩埋烈士忠骨。1973年,全椒县委、县政府对公墓进行了整修,兴建了烈士陵园。1982年,在烈士陵园内树碑立记,以示缅怀。

参考文献:

1. 安徽省全椒县地方志编纂委员会.全椒县志[M].合肥:黄山书社,1988.
2. 中共安徽省委党史研究室.安徽省重要革命遗址通览:总第13卷　第1册[M].北京:中共党史出版社,2012.

（文/图：夏淑娟）

8. 中原局第三次会议旧址

中共中央中原局第三次会议旧址位于定远县大桥镇三官村,2012年被列为滁州市爱国主义教育示范基地,2018年被评为安徽省红色旅游(经典)景区、安徽省第五届爱国主义教育示范基地,2019年,被列为第八批省级文物保护单位,为国家首批100个红色经典旅游景区之一。

旧址所在地东、北、西三面环河,北侧的池河河道上架设吊桥一座,易守难攻。原旧址三进院落,35间房屋。每进10间,第一进与第二进之间有厢房两间,第二进与第三进之间有厢房三间,刘少奇曾居住在第三进,屋内有屏障遮挡后门,会议在第二进院内召开,院内配备电台设备。

1940年2月下旬,刘少奇在大桥附近的湾杨村主持召开中共中央中原局第三次会议,参加会议人员和警卫及工作人员300余人。针对苏皖国民党顽固派准备向皖东新四军发动进攻的形势,会议研究确定了反"磨擦"斗争策略。会议强调,必须坚持抗日民族统一战线中既团结又斗争的方针,指出只有敢于坚决进行反"磨擦"斗争,才能巩固与扩大抗日民族统一战线。会议贯彻了党中央"巩固华北,发展华中"的战略方针,提出了放手发动群众,扩大人民武装,建立抗日民主政权等一系列方针政策,为扩大抗日民族统一战线,发展壮大新四军,巩固华中抗日根据地作出了不可磨灭的贡献。

因旧址历经数十年,损坏严重,定远县于2009年筹资在原址按原貌修复,并陈列了大量珍贵的图文史料及实物等,建设了占地3000平方米的中原局会议纪念馆。整个纪念馆有六个展厅,尚存有刘少奇用过的床和其他生活用品十几件,基本保存完好。

参考文献:

1. 安徽省地方志编纂委员会办公室.安徽省志:旅游志 1986—2005[M].北京:方志出版社,2014.

(文/图:夏淑娟)

滁州

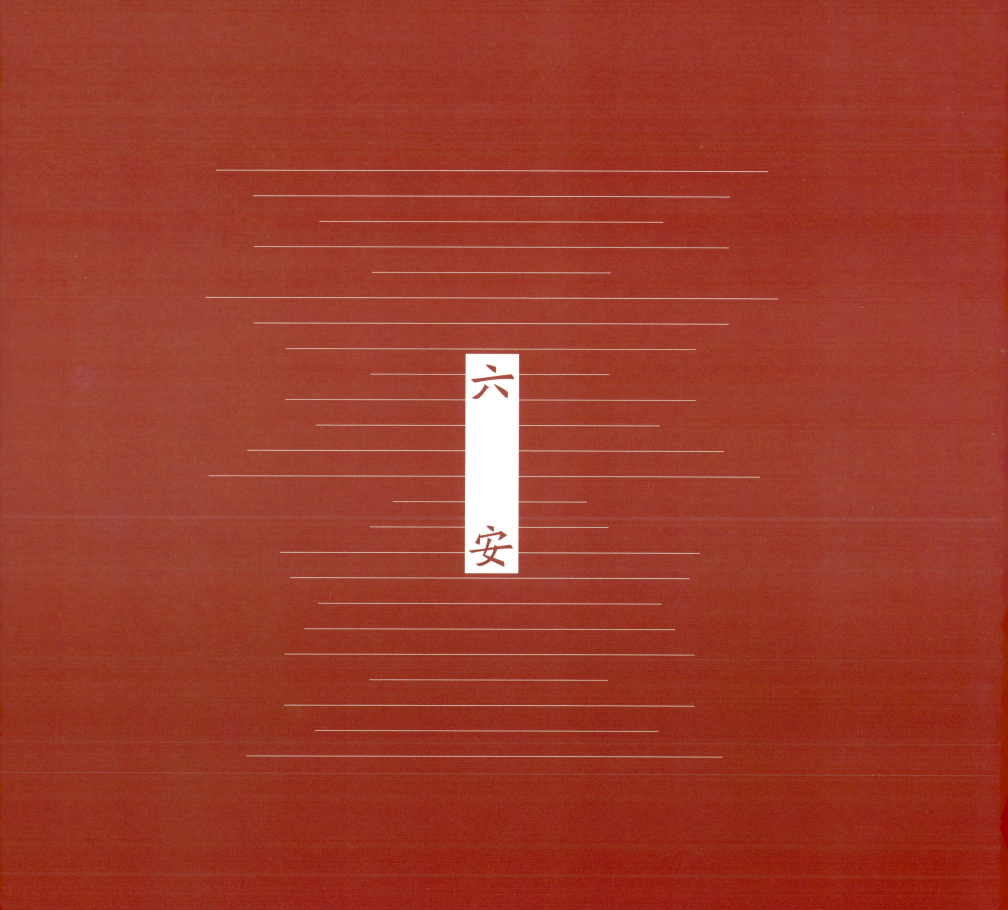

1. 独山和金寨革命旧址群

独山革命旧址群位于六安市裕安区独山镇。独山镇是土地革命战争时期皖西革命根据地的核心区之一,这里爆发了独山农民暴动,打响了六霍起义第一枪,建立的六安三区工农革命委员会是皖西第一个工农民主革命政权。旧址群原为清朝中晚期至民国初年的古建筑群,素有"大别山区民居博物馆"之美誉。旧址群是全国罕见、安徽唯一保存完好的苏维埃时期集党、政、军、文化、教育、司法、经济于一体的县级机构旧址。2000年修建了六霍起义纪念塔。2008年兴建了独山苏维埃城,包括六霍起义纪念馆、7处比较集中的旧址和皖西徽派建筑风格的仿古街道等。

金寨革命旧址群位于大别山腹地金寨县境内。土地革命战争时期,金寨县是鄂豫皖革命根据地的中心区域,被誉为"红军的故乡,将军的摇篮";抗日战争初期,这里是安徽乃至大别山区抗日救亡运动的中心,解放战争时期,这里是中原突围和刘邓大军挺进大别山的重要战场。金寨县革命遗址遗迹众多,其中以红军时期的遗址遗迹最为著名。主要包括立夏节起义旧址、中国工农红军第三十二师成立旧址，中共豫东南道委、道区苏维埃政府旧址，中共鄂豫皖省委会议旧址，中共鄂豫皖边区委员会旧址，刘邓大军前方指挥旧址等。

参考文献：

1. 中共安徽省委党史研究室.安徽省红色旅游指南[M].北京：中共党史出版社,2014.

（文/图：宣璐/朱其东）

2. 苏家埠战役旧址

苏家埠为六安西南大镇、出入大别山的重要通道。土地革命时期，国民党在此集结重兵，将这里作为阻击和围攻红军的重要据点。1932年3月22日至5月8日，国民党军队对鄂豫皖根据地进行第三次"围剿"，围攻麻埠、独山。徐向前率红四方面军主力由豫西东进迎击，采取围点打援战术，取得苏家埠战役大捷。镇东三拐地（今苏家埠中学门口）为当时庆功大会场所，立有"苏家埠战役旧址"纪念碑，碑高4.65米，记述了该战役情况。镇东南朱家大院为红四方面军苏家埠战役总指挥部旧址，现辟为陈列馆，徐向前元帅为之题词。战役旧址为省级重点文物保护单位。

参考文献：

1. 冯克诚.图说中国史话:中国现代史话之一[M].北京:中国环境科学出版社,2006.
2. 《安徽大辞典》编纂委员会.安徽大辞典[M].上海:上海辞书出版社,1992.

（文/图：宣璐/束佳）

3. 安徽省抗日民众总动员委员会旧址

安徽省抗日民众总动员委员会旧址位于六安市裕安区鼓楼街道六安文庙内。

安徽省地处华东西部，是日军进攻中原的战略要地。国民政府为了保卫武汉，在安徽积极展开防御，国民党安徽省政府西撤，当时的六安成了全省抗日指挥中心。六安文庙原有三进大殿和廊房上百间，就成了临时办公场所，第五战区司令长官李宗仁等都在这里办过公。进步人士朱蕴山、共产党员张劲夫等后来常住六安文庙，并在此成立安徽省抗日民众总动员委员会，同时指导各县区分别成立县、乡级抗日民众动员委员会，开展抗日救亡活动，如征兵、筹款、筹粮、支援前线、组织民众撤退等工作，并为新四军输送人员和物资。文庙大成殿前的长方形高台是当时抗日宣传的舞台。

安徽省抗日民众总动员委员会旧址于1998年5月被安徽省人民政府列为安徽省重点文物保护单位。

参考文献：
1. 安徽省地方志编纂委员会. 安徽省志：文物志[M]. 北京：方志出版社，1998.

（文/图：宣璐/许畅畅）

4. 中共六安中心县委旧址

中共六安中心县委旧址位于六安市裕安区西河口乡郝集村东街组。

1929年8月17日,中共中央指示六安、霍山"依照中央所规定的一切工作和任务成立中心县委组织,与中央建立经常的联系"。10月初,中央巡视员方英在六安郝家集主持召开六安、霍山、霍邱、寿县、英山、合肥六县党的代表会议,正式建立中共六安县中心县委,书记舒传贤,内设秘书处、组织部、宣传部、工委、农委、兵委、妇委、青年部等机构。中心县委直辖霍山、霍邱、寿县、英山、合肥五个县委和六安县七个区委、三个特支,党员1500多人,配备巡视员巡视各县、区工作。

中共六安中心县委从领导独山暴动开始,先后组织领导了金家寨七邻湾暴动、霍山西镇暴动、桃源河起义和六安河西徐集民团起义等,初步创建了东起淠河,西接商南,南抵金家铺、水吼岭,北至白塔畈、丁家集,人口40多万的革命根据地,为皖西革命根据地的形成奠定了基础。

中共六安中心县委旧址为前后二进,两厢四合院,建筑占地面积225平方米。2008年,六安市文物局对该旧址进行了全面的维修。2005年12月,中共六安中心县委旧址被六安市人民政府列为全市重点文物保护单位。

参考文献:

1. 国家文物局.中国文物地图集:安徽分册 下[M].北京:中国地图出版社,2014.

2. 中共安徽省委党史研究室.安徽省重要革命遗址通览:总第13卷 第1册[M].北京:中共党史出版社,2012.

(文/图:宣璐/刘晓君)

5. 许继慎故居及许继慎墓

许继慎故居及许继慎墓位于六安市裕安区，建于民国时期。2019年，许继慎故居及许继慎墓被安徽省人民政府列为第八批文物保护单位。

许继慎，1901生，原名许绍周，六安县人（今六安市裕安区）。童年入私塾，1920年考入安庆安徽省立第一甲种工业学校土木工程科，次年转入省立第一师范。当时的安庆在五四运动的推动下，涌现了一批宣传马列主义及科学与民主思想的进步报刊，如《安庆评议报》《安徽全省学生会周刊》《新安徽》等，许继慎深受影响。1923年12月，他加入中国共产党，北伐战争时期，任叶挺独立团第二营营长，参加了汀泗桥、贺胜

桥等战役。1930年3月,任中国工农红军第一军军长、中共鄂豫皖特委委员。1931年11月,许继慎被张国焘以"肃反"名义杀害于河南省光山县新集,年仅30岁。1945年,他在党的七大上被追认为烈士,2009年9月被评为"100位为新中国成立作出突出贡献的英雄模范人物"。

故居为土墙,草房三间,约60平方米。故居附近有地方政府于1992年兴建的许继慎烈士陵园。许继慎烈士陵园于2007年4月被列为安徽省爱国主义教育示范基地。

参考文献:
1. 国家文物局.中国文物地图集:安徽分册 下[M].北京:中国地图出版社,2014.
2. 中共安徽省委党史研究室.安徽省重要革命遗址通览:总第13卷 第1册[M].北京:中共党史出版社,2012.

六安

6. 六安兵变旧址

六安兵变旧址位于六安市裕安区南门大街兵变巷,旧址面宽五间,前后两进砖瓦平房,占地面积约300平方米,2005年12月被列为市级文物保护单位。

1931年2月15日,早期打入敌驻六安城四十六师一三八旅二七二团担任二营营长的中共党员魏孟贤,趁农历年关之际,发动士兵以闹饷名义举行武装起义,取得了胜利。这次起义壮大了皖西红军的力量,对巩固和扩大鄂豫皖革命根据地发生了积极影响。六安兵变旧址见证了中国共产党开展兵运工作的艰辛历程,是研究皖西革命史的实物资料,是开展革命传统教育的重要阵地,是发展红色旅游的宝贵资源。

参考文献:

1. 国家文物局.中国文物地图集:安徽分册 下[M].北京:中国地图出版社,2014.

(文/图:宣璐/束佳)

7. 安徽省立第三甲种农业学校旧址

安徽省立第三甲种农业学校旧址位于六安市裕安区鼓楼街道北门街，现存学校大门楼及前后院，占地面积1000平方米，2005年12月被列为市级文物保护单位。

1919年春，安徽省立第三甲种农业学校（以下简称"六安三农"）在书院拐原赓飏书院成立，校长沈子修，教师朱蕴山、桂月峰、钱杏村等人以学校为阵地，开展新文化运动，努力探索救国救民的真理，培养出大批革命志士，发动青年学生和工农群众，开展轰轰烈烈的反帝、反封建斗争。学校旧址始建于清乾隆八年，是皖西地区最著名的四大书院之一，是研究清代中、晚期学堂建筑艺术不可多得的实物资料。现存一进三开间，建筑面积79.24平方米。

六安三农师生不断学习从外地获得的马克思主义书籍和《新青年》《每周评论》等刊物，并在校内广为传播。1921年后，进步教师钱杏邨来校教授国文，宣讲十月革命的伟大意义，讲解列宁、高尔基、陈独秀、李大钊、鲁迅等人的作品。六安三农对外积极传播马克思主义，开办夜校，招收贫苦工人、知识分子，宣传革命思想，为皖西革命事业培育了很多优秀的党和红军领导人，有着"皖西革命摇篮"之美誉。

随着马克思主义迅速广泛传播，六安地区的革命形势发生了巨大变化。六安三农前后历经七年时间，培养了王逸常、桂伯炎、刘渭西、陈绍禹等一大批爱国青年和革命志士。1926年，六安三农在军阀混战中被关闭停办。

学校旧址承载着六安新文化运动的历史，是研究皖西革命史的实物资料和开展革命传统教育的重要阵地，也是发展红色旅游的宝贵资源。

参考文献：
1. 国家文物局.中国文物地图集：安徽分册　下[M].北京：中国地图出版社，2014.

（文/图：宣璐/束佳）

8. 中共六安特区委员会成立旧址

中共六安特区委员会成立旧址位于六安市区紫竹林路紫竹林庙内。

1927年"四一二"反革命政变后,驻六安的国民党三十三军军长柏烈武对蒋介石不满,同意中国共产党革命主张,加上共产党员黄铁民、宋伟年等在三十三军的宣传和影响,六安工农革命运动仍在积极进行。为了加强对六安革命运动的领导,1927年8月,由储克盛主持,在六安西外紫竹林小庙内召开共产党代表会议,选举胡苏明、周狷之、吴干才、桂伯炎、储克盛五人为委员,吴岱新、蔡蕴山为候补委员,胡苏明任书记,正式成立"中共六安特区委员会"。特区委下辖六安、霍山、霍邱、合肥四县党组织。9月,特区委参加并改造了国民党六安县党部,发布国共两党共同遵守三大政策的联合声明,从而进一步推动了当时六安正在高涨的工农革命运动。10月,三十三军调离六安,国民党派毛子敬来六安清党,特区委成员全部转入农村,发展农会和共产党的秘密组织,为武装起义做必要的宣传、组织等准备工作。1928年1月,中共安徽省临委召开六霍三县共产党代表会,会上撤销了"六安特区委员会",成立了中共六安县委,领导六安、霍山、霍邱三县的革命运动。

中共六安特区委员会成立旧址位于紫竹林庙西厢房三开间平房内,建筑占地面积116平方米。1998年3月重新翻修。中共六安特区委员会成立旧址2005年12月被六安市人民政府列为重点文物保护单位。

参考文献:

1. 国家文物局.中国文物地图集:安徽分册 下[M].北京:中国地图出版社,2014.

(文/图:陈清/宣璐)

9. 中共鄂豫皖省委会议旧址

中共鄂豫皖省委会议旧址位于金寨县大埠口村黄元村民组陈氏祠,也是中共鄂皖工委会议旧址,2017年被列为县级文物保护单位。

大埠口陈氏祠,原是陈姓祠堂,上下殿各三间,两边厢房各五间,院落东边还有偏房五间。1932年11月18日,郭述申在这里主持召开了中共鄂皖工委会议,参加会议的有刘士奇、徐海东、吴宝才、江求顺,会议就恢复皖西北革命根据地的工作做了部署。1933年初,鄂豫皖苏区受到"左"倾路线的影响,决定集中红二十五军全力围攻敌人重兵把守的红安县七里坪。历时43天的围攻战斗中,13000多名红军损失一半。到8月底,根据地缩小到空前的程度。1933年9月26日,沈泽民在大埠口陈氏祠召开了紧急会议,出席会议的有吴焕先、戴季英、徐海东、高敬亭、郭述申等。会议根据皖西北根据地沦陷,敌人主力转移到皖西北,鄂东北之敌减至五个师等情况,决定红二十五军立即返回鄂东北,红八十二师继续留在皖西北地区,坚持武装斗争。

参考文献:

1. 中共安徽省委党史研究室.安徽省重要革命遗址通览:总第13卷 第1册[M].北京:中共党史出版社,2012.

(文/图:宣璐/束佳)

10. 张家店战斗烈士陵园

张家店战斗烈士陵园位于六安市金安区张店镇松林岗村六东路东侧，占地面积2万平方米，建成于2015年，是金安区有名烈士1276位和无名烈士2477位的集中安葬地。

1947年8月，刘邓大军千里跃进大别山。10月，雄兵鏖战张家店，取得歼灭敌八十八师部及六十二旅4800多名官兵的辉煌战绩，是刘邓大军挺进大别山以来第一次取得消灭敌人一个正规旅以上兵力的重大胜利，打开了皖西斗争的新局面。中共中央和中原军区部发了专电祝贺。

烈士陵园内，张家店战斗胜利及革命烈士纪念碑巍然耸立，碑高19.47米，寓意战斗胜利的年份，底座四周的革命斗争浮雕生动展现了当年英雄儿女们在这片土地上前赴后继的壮举。纪念碑前广场占地1000平方米，可同时容纳千人凭吊。

参考文献：

1. 中共六安市委党史和地方志研究室.中国共产党安徽省六安历史：第一卷(1923-1949)[M].北京：中共党史出版社，2021.

(文/图：陈清/刘晓君)

11. 朱蕴山纪念馆

朱蕴山纪念馆坐落于安徽省六安市金安区东河口镇嵩寮崖村,距六安市区50千米。朱蕴山,1887年生,又名朱汶山,字锡藩,安徽六安人,曾任全国人大常委会副委员长、全国政协副主席、民革中央主席。

朱蕴山纪念场馆于2013年7月建成,包括纪念馆、纪念塔、讲学堂等,占地面积5345平方米,房屋建筑面积580平方米(不含辅助建筑),以实物、图片和声光电效果,多角度展现朱蕴山的生平事迹。民革中央原主席周铁农为朱蕴山纪念馆题写馆名。朱蕴山之子朱世雄等人还捐赠了一批朱蕴山生前生活用品、作品原稿、书信真迹、笔墨纸砚等珍贵历史资料。

纪念馆修建在嵩寮崖冲中段,与故居隔岭相望。纪念馆门前有二级广场,广场中央立有朱蕴山铜像,为纪念馆

落成时朱蕴山后人捐建。铜像高2.52米,寓意朱蕴山曾先后加入国共两党,亲身经历辛亥革命、土地革命、抗日战争、解放战争、社会主义革命和建设五个历史时期。

2014年8月26日,朱蕴山纪念馆被中共安徽省委统战部授予"安徽统一战线教育基地"称号,2014年10月被安徽社会主义学院、安徽中华文化学院授予"实践教育基地"称号。

参考文献:

1. 李伟民.朱蕴山纪念馆[J].团结,2018(2):51.
2. 民革中央宣传部.朱蕴山与六安纪念馆[M].北京:团结出版社,2018.

(文/图:陈清/许畅畅)

12. 新四军四支队司令部旧址

新四军四支队司令部旧址位于舒城县高峰乡东港村韦家大屋，为安徽省文物保护单位。

1938年2月中旬，新四军四支队正式成立，司令员高敬亭、参谋长林维先、政治部主任肖望东，支队共有3100人。5月上旬，高敬亭率领手枪团、指挥机关到达舒城，将司令部等移驻东港冲韦家大屋。7月，司令部机关移驻西港冲钝斧庵，政治部机关进驻东港冲韦家大屋。参谋处、军医处（总医院）、被服厂、修械所、手枪团团部、经理部、交通队、特务连、通信连、学兵连、司号连等均设于东、西港冲。舒城一度成了四支队东进抗日的指挥中心。

四支队在舒城的一年多时间里，董必武、叶挺等曾亲临视察。四支队也由最初的3000余人发展壮大到1万多人。1938年6月至11月，高敬亭指挥所辖四个主力团依托舒城的根据地，参加武汉会战，以山地游击战伏击日军。经数十次战斗，在安庆至合肥、六安至合肥、六安至舒城公路沿线共毙、伤、俘日军近千名，击毁日军汽车150余辆，缴获大量枪支弹药，收复皖中大片国土。1938年11月17日，侵占舒城的日军被迫撤离。1939年五六月间，四支队机关陆续撤离舒城，东进皖东。

韦家大屋是当地韦氏家族居住地，1991年，韦家人将韦家大屋赠送给国家。2007年6月，六安市和舒城县人民政府拨款兴建新四军四支队旧址纪念馆，并对韦家大屋进行恢复重建，在韦家大屋内设新四军四支队展馆。2008年，纪念馆正式对外开放。

参考文献：

1. 中共安徽省委党史研究室.安徽省红色旅游指南[M].北京：中共党史出版史，2014.
2. 中共安徽省委党史研究室.安徽省重要革命遗址通览：总第13卷 第1册[M].北京：中共党史出版社，2012.

（文/图：陈清/束佳）

13. 渡江战役第二野战军指挥部旧址

渡江战役第二野战军指挥部旧址位于舒城县舒城中学南楼，占地面积607.23平方米，建筑面积1214.46平方米，抬梁式砖木结构，始建于1929年，2012年被列为第七批安徽省文物保护单位。

1928年12月，舒城县政府筹建龙舒初级中学，推举宋竹荪等九人组成建校筹备会常务委员会，宋竹荪负责筹款2万元（银元），勘定伏虎寺为校址。次年夏动工，1930年建成南楼、北楼、东楼、西平房礼堂，形成四合院，现存的仅有南楼一栋建筑，现为舒城中学的校史陈列中心。

1949年4月初，渡江战役前夕，二野三兵团途经舒城，到达江北指定位置，准备渡江。4月3日，二野指挥机关由刘伯承司令员、张际春副政治委员、李达参谋长等率领进抵舒城，指挥部设于舒城中学图书馆，也就是现在的南楼。4月4日，刘伯承在指挥部下达《安庆暂不进攻的命令》。4月7日上午，二野指挥部于驻地舒城中学的树林里召开会议，副政委张际春向机关干部传达党的七届二中全会精神，号召大家一定要做好渡江战斗的准备，打过长江去，解放全中国。4月8日，根据中央军委的命令，刘伯承司令员在舒城下达《二野渡江作战的基本命令》，命令三兵团在安庆以东至枞阳段渡江；五兵团于安庆以西至望江段渡江；四兵团于望江至马垱间渡江。4月10日，二野指挥部移驻桐城。至此，舒城中学南楼完成了它作为二野指挥部的历史使命。

参考文献：

1. 唐红炬,操鹏.桐城名胜[M].合肥：安徽美术出版社,2011.

（文/图：束佳/朱其东）

六安

14. 毛泽东视察舒茶休息室旧址

　　毛泽东视察舒茶休息室旧址位于舒城县舒茶镇境内,现为省级文物保护单位、青少年爱国主义教育和党员干部廉政教育基地。

　　1958年9月16日,毛泽东视察大江南北时经过舒城县,亲临舒茶人民公社视察,指示:"以后山坡上要多多开辟茶园。"

　　毛泽东视察舒茶休息室旧址处设有毛主席视察舒茶纪念馆,由"红日照舒茶"主题广场、毛泽东铜像、正厅、休息室、陈列室、展览室、万年青(伟人足迹)、九一六文化广场、人民公社陈列馆九个部分组成。馆内收藏了大量毛泽东视察舒茶时的照片、文献资料、毛泽东坐过的椅子、用过的茶杯以及人民公社时期的生产生活器具等实物。

参考文献:

1. 陆纯.魅力舒城[M].合肥:安徽人民出版社,2009.

(文/图:束佳/宣璐)

六安

15. 中共舒城特支、特区机关旧址

中共舒城特支、特区机关旧址位于柏林乡宋圩村,原名东林庵,建于清代。1980年9月,该旧址被舒城县人民政府列为县级重点文物保护单位,2017年4月,被舒城县委县政府列为舒城县爱国主义教育示范基地,2017年8月被六安市人民政府列为市级重点文物保护单位。

该旧址为中式四合院建筑,虽历经沧桑,仍保持旧貌,拥有房屋九间,其中正房五间,东西厢房各两间,建筑面积约245平方米,院内有清朝末年栽种的古树两棵,保存较为完好。

该旧址承载了舒城土地革命时期的一段重要历史。1931年7月,党中央巡视员刘敏到舒城巡视工作,在与六安中心县委组织部长储鸣谷取得一致意见后,将舒城城区部分党员及春秋山、秦家桥两个支部统一组织起来,成立了"中共舒城特别支部",隶属合肥中心县委领导,特支机关就设在东林庵。1932年,特支扩建为"中共舒城县特区委员会",隶属合肥中心县委领导,辖四个支部50余名党员。在书记宋于斯的正确领导下,特区积极组织党员和农会,开展土地革命、抗捐抗税、学生运动和城内工人运动,并与六安草陂塘党组织取得联系,发动了夼牛岗、张母桥农民起义,有力配合了红四方面军发起的苏家埠战役。1933年春季,国民党发动"围剿",在白色恐怖中,其他各地党组织均遭受重大损失。1933年9月,特区机关遭敌破坏,革命斗争跌入低谷。

参考文献:

1.中共安徽省委党史研究室.安徽省重要革命遗址通览(第一卷)[M].合肥:安徽美术出版社,2012.

(文/图:束佳/许畅畅)

16. 平田烈士墓园

平田烈士墓园位于舒城县晓天镇，修建于1967年3月，现为市级文物保护单位。

舒城平田地处舒（城）、桐（城）、潜（山）、岳（西）四县交界，属于大别山老革命根据地。从土地革命战争、抗日战争到解放战争，在历次浴血战斗中，无数先烈长眠在这片土地上。

1934年11月，红二十五军进行战略转移。1935年2月，高敬亭在太湖凉亭坳重建红二十八军，高敬亭任军政委（未设军长），管辖红八十二师和手枪团。舒城晓天地区成为红二十八军的重要后方。当年，高敬亭在晓天苏平村白果树下召开会议，决定成立中共皖西特委，组建二四六团，在舒城、霍山、潜山、太湖、英山一带创建游击根据地。这次的白果树军事会议为红二十八军在鄂豫皖边区坚持游击战争指明了正确方向。1935年7月，红二十八军由太湖转战到潜山县天柱峰一带，发现敌人（安徽省保安团）一个营由东向西朝舒城乌沙方向开进。当敌人行进至黄巢尖东北侧姚家河附近时，早已埋伏在此的红军以猛烈火力杀伤敌人，敌大部被歼。黄巢尖战斗是红二十八军在坚持游击战期间的一次著名战斗，其战斗遗址因兴建龙河口水库而被淹没。

平田烈士墓园安葬着56位土地革命战争、抗日战争、解放战争中牺牲的战士。墓园共两层，第一层安葬的是在1930年驼岭鸡笼寨战斗、1933年小涧冲至板仓一带战斗中牺牲的22位烈士遗骸；第二层安葬的是抗日战争至解放战争期间在这里战斗牺牲的34位烈士遗骸。

参考文献：

1. 舒城县地方志编纂委员会.舒城县志[M].合肥：黄山书社，1995.

（文/图：束佳/宣璐）

17. 安菜烈士墓园

安菜烈士墓园位于舒城县庐镇乡，修建于1964年，现为市级文物保护单位，57位烈士遗骨安葬于此。

1947年12月，党组织根据解放战争形势的需要，在此建立解放军后方医院。1948年4月至12月，后方医院共接受伤员九批，360多人，其中重伤员100多人，但是，有57位伤员因伤势过重，加上医疗条件有限，不幸牺牲。其中只有祁荣富等10人留下了姓名和参战时间地点的相关记录。

1964年，洪庙乡政府和安菜村民将分散在各处的烈士遗骨集中起来，建成一座革命烈士公墓，合墓长8米，宽7米，高2米。合墓旁竖立着高大的革命烈士纪念碑，纪念碑两侧分别铭刻"英名垂青史，忠魂秀宏图"10个大字，纪念碑后面有一块墓碑，碑文是祁荣富等10位革命烈士的简要介绍。陵园面积约1334平方米，园内栽植花草松柏，四周青山环绕，庄严肃穆，是开展革命传统教育的重要阵地。

参考文献：

1. 舒城县地方志编纂委员会.舒城县志[M].合肥：黄山书社，1995.

（文/图：束佳/朱其东）

18. 霍山烈士陵园

霍山烈士陵园位于霍山县衡山镇。现为国家级烈士纪念设施、全国爱国主义教育示范基地、全国文明优扶事业单位。

霍山是著名的革命老区，是六霍起义和皖西革命根据地的核心区域、鄂豫皖革命根据地的重要组成部分。早在1920年，马克思主义就在霍山传播开来，在新民主主义革命中，霍山人民前仆后继，创造了可歌可泣的英雄业绩，有5万多英雄儿女献出了宝贵生命。1985年7月，中共霍山县委、县政府决定兴建霍山烈士陵园。陵园占地面积18万平方米，分为山上和山下两个部分。

山下为安徽省红色区域中心纪念园广场，命名为"红源广场"，主要包括九个部分：(1) 红源流长。入口人工瀑布，长26米，高3.4米，寓意革命洪流滚滚向前，摧枯拉朽，势不可挡。(2) 八块革命史记墙。长38米，高3.4米，用石刻的形式记载了霍山县不同历史阶段的革命史。(3) 第一历史丰碑柱。共4个，高9米，代表霍山在安徽革命斗争史上创下的全省"四个第一"，即安徽省第一次成功的民团兵变——诸佛庵民团兵变，安徽省第一支师建制的正规红军——中国工农红军第十一军第三十三师，安徽省第一个县级苏维埃政府——霍山县苏维埃政府，安徽省第一个全境赤化县。(4) 安徽省红色区域中心地图。2.4米×1.8米的石质卧碑，刻制以霍山为中心的安徽省红色区域中心版图，包括1932年划归立煌县(今金寨县)的燕子河、闻家店的18个保和1936年划归岳西的头陀河、包家河、黄尾河等10个保。(5) 英雄群雕。名称为"铁血山河"，大块暖色花岗岩堆砌雕刻，刻画了红军战士、知识分子、革命群众等革命先烈，坚定共产主义理想信念，跟共产党走，以钢铁般的意志，以气壮山河般的革命豪情，为民族的独立与解放不惜流血牺牲的英雄形象。(6) 革命史浮雕墙。长40米，高4米，花岗岩石质浮雕。以霍山革命斗争史上的重大历史事件为背景，多场面刻画霍山人民的英雄形象。(7) 舒传贤烈士雕塑。舒传贤曾任霍山县第一任县委书记、六安中心县委书记、鄂豫皖中央分局委员兼组织部长，为安徽省学生运动、工人运动、农民运动的重要领导人、青年团组织、安徽红军的创始人之一，是皖西革命根据地、鄂豫皖革命根据地的主要创始人，1931年在"肃反"中被错杀。塑像高4米，底座刻有舒传贤烈士生平介绍。(8) 英烈墙与烈士墓。英烈墙位于舒传贤塑像两侧，长15米，高3米，红色花岗岩贴面，上刻霍山革命烈士等2977人的名录。(9) 红色长廊。长40米，廊内悬刻老一辈无产阶级革命家、党和国家领导人及各界名人为纪念霍山革命的题字、题词等。

山上部分主要包括：安徽省红色区域中心纪念馆、六霍起义纪念亭、传贤亭、淠西亭等部分。

参考文献：
1. 张书圣.霍山历史文化丛书：文物古迹[M].合肥：黄山书社，2015.
2. 高蔚青.安徽旅游大辞典[M].合肥：安徽文艺出版社，2008.

(文/图：束佳/刘晓君)

19. 青枫岭磨子潭战斗纪念碑

青枫岭磨子潭战斗纪念碑位于霍山县磨子潭镇磨子潭村。1986年7月6日,由解放军八三一一八部队和霍山县人民政府联合建立,当年10月1日竣工。碑坐北朝南,四周翠柏、树、毛竹林立,2012年被列为六安市重点文物保护单位。

1946年6月我中原军区一纵一旅,在中原突围中为掩护主力向西突围,由旅长皮定均、政委徐子荣率领,向东佯攻。完成掩护任务后,转而向南、向东疾进,于7月1日进入大别山腹地。7月10日午后抵青枫岭,一举击溃守敌国民党第四挺进纵队一个团;接着,旅部和一、三两团奇袭磨子潭,强渡白水河,占领河东有利地形,痛击南来之敌四十八师五二七团。次日晨,全旅胜利会师,继续东进。为纪念皮旅在霍山两战两捷和缅怀在战斗中牺牲的先烈,在建此碑。

青枫岭磨子潭战斗纪念碑占地800平方米,分三部分:碑体、平台和台阶。(1)碑体:基座,高1米,长3.70米,宽1.90米,上座高0.5米,长2.30米,宽1.10米。碑身高3.40米,宽1.50米,厚(大理石)0.10米。(2)平台位于碑体正前方,长9米,宽4米,四周有石柱石条磨光穿成栏杆。(3)台阶:从磨子潭老镇政府(平瓦土墙房)东墙角后,直上石条(120步宽2米,每步均宽0.40米,高0.20米)台阶至平台。碑的正面在大理石镶上"青枫岭磨子潭战斗纪念碑",背面大理石书写的青枫岭磨子潭战斗纪念碑碑文。

参考文献:

1. 霍山县太平畈乡.霍山县市级文物保护单位一览表[EB/OL](2022-08-31)[2022-09-03].https://www.ahhuoshan.gov.cn/public/6618201/35531405.html.

(文/图:束佳/刘晓君)

20. 李特故居

李特原名徐克勋，1902年出生于安徽省霍邱县冯井镇牛庙村。1924年，被中共选派到苏联学习。1925年，李特转入莫斯科中山大学就读。1930年秋，李特奉命回国。土地革命战争时期，李特为鄂豫皖、川陕革命根据地的创建和发展，红四方面军的发展壮大，作出了重要贡献。红军长征时，1935年，毛裕镇会议后他任红四方面军副参谋长兼红军大学副校长，1936年4月，李特任红四方面军参谋长兼参谋部作战训练科科长，随右路军行动。

李特故居位于霍邱县冯井镇牛庙村，故居原是李特出生地及其祖辈所住的家庭庄园，占地面积4万平方米，结构为"一宅三院双重圩沟"。1998年，安徽省财政拨款10万元对故居进行重修，挂牌为"李特故居"。故居的匾额"李特故居"四个大字由全国政协时任副主席洪学智上将亲笔题写。2017年经六安市人民政府核定为市级重点文物保护单位。

故居室内以装框悬挂的方式陈列了中国人民解放军总政治部下发的烈士通知书的复印件；李特烈士生前发表的署名文章；李特任红四方面军参谋长、西路军参谋长期间，以个人或和徐向前、陈昌浩等共同署名，与中央军委等有关方面的部分往来电报稿的复印件；徐向前、李先念等党和国家原领导人就搜集李特资料的指示以及介绍李特个人情况的采访稿复印件；李特生前的战友徐深吉、魏传统、杜义德、陈宜贵等将军为李特赠诗、题词的复印件；李特生前战友或同事师哲、徐深吉、程世才、宋侃夫等访谈资料的复印件；《中国军事百科全书》《中国工农红军红四方面军烈士名录》《中国工农红军红四方面军人物志》《安徽中共党史人物传》等收录的李特个人词条和传略的复印件；《深圳特区报》《炎黄春秋》《皖西日报》等宣传李特烈士事迹材料的有关复印件等。

参考文献：

1. 徐守松.李特烈士事迹及故居[EB/OL].(2020-05-26)[2022-09-01].http://news.luaninfo.com/laxw/sdbd/content_95376.

2. 中共霍邱县委党史研究室.霍邱中共党史人物传[M].合肥:安徽人民出版社,2011.

（文/图：朱其东/宣璐）

21. 红二十八军重建会议旧址

红二十八军重建会议旧址位于安徽省金寨县南溪镇南湾村吕家大院，主体建筑为吕氏宗族祠堂。吕家大院整体建筑坐北朝南，砖木结构，中轴对称，始建于清末，合院式布局，由院门、院子、门屋、天井、两廊及祠堂等组成。旧址建筑本体，属于皖西地区祠堂建筑风格，体现了晚清民国时期皖西地区民俗民风和乡村风貌，具有一定的地域文化特色。旧址2019年被列为第八批全国重点文物保护单位。

历史上红二十八军先后组建了三次，1933年1月第一次组建在湖北麻城，1933年10月第二次组建在安徽金寨，1935年2月第三次组建在安徽岳西。

1932年10月，中共中央鄂豫皖分局和红四方面军主力离开鄂豫皖苏区西撤，此后未能返回，鄂豫皖苏区面临严峻局面。同年11月，以沈泽民为书记的中共鄂豫皖省委重建红二十五军，并于1933年1月创建红二十八军。红二十五军主要活动在鄂东北地区，红二十八军主要活动在皖西北地区。1933年4月15日，鄂豫皖省委将刚创建的红二十八军编为红二十五军第七十三师。这是红二十八军组建后首次与红二十五军合编，合编后的红二十五军围攻七里坪，以失败告终，损失惨重。9月初，鄂豫皖省委率红二十五军转战至皖西北地区，接连遭受失败，便于9月底离开皖西北苏区，回转鄂东北。没有转移的部队在副军长徐海东的领导下折返皖西北与中共皖西北道委会合。10月11日，中共皖西北道委在南溪吕家大院召开扩大会议，会议决定将红二十五军余部与皖西北的红二十八军第八十二师合编，重建红二十八军。从1933年10月至1934年4月，红二十八军在与中共鄂豫皖省委失去联系的情况下，坚持斗争，是鄂豫皖苏区重要的红军队伍，对于保存苏区革命力量，坚持苏区根据地具有重要意义。直到1934年4月红二十八军再次与红二十五军合编。1934年11月，红二十五军奉命长征，1935年2月，坚持大别山革命斗争的高敬亭等，在太湖凉亭坳(今属岳西)再次组建了红二十八军。

参考文献：

1. 中共六安市委党史和地方志研究室.中国共产党安徽省六安历史：第一卷 1923—1949[M].北京：中共党史出版社,2021.

（文/图：朱其东/许畅畅）

22. 中共鄂豫皖区委员会旧址

中共鄂豫皖区委员会旧址,位于金寨县花石乡白水河村,原为当地汪姓老屋,建于清朝末期,坐西向东,青砖小瓦结构,四进50余间。存门楼和厅堂共37间,厅堂设陈列室,陈列着抗日战争时期革命文物。1981年9月被列为省级重点文物保护单位。

1929年,立夏节起义胜利后,周维炯、漆德玮等人领导红三十二师在大湾一带开展游击斗争,常常驻扎在汪家老屋中。1930年,六霍起义胜利后,六安六区十四乡苏维埃政府成立,汪家老屋成为六区十四乡苏维埃政府所在地。1937年,抗日战争全面爆发后,新四军第四支队兵站、中共安徽省工作委员会、中共鄂豫皖区委都在汪家老屋办公。中共安徽省工委书记彭康等同志就居住在汪家老屋,张劲夫、郑位三、李世农、谭光廷、黄岩等一大批军政干部都曾在汪家老屋中留下光辉的足迹。1939年2月,中共安徽省工委会撤销,成立中共鄂豫皖边区委员会,书记郑位三,委员彭康、张劲夫、何伟、方毅、张体学、李丰平、桂蓬、黄岩、郑维孝、程坦等。区党委机关驻扎在此地，隶属中原局，并在1939年至1940年间统一领导鄂豫皖边区抗日活动。1939年7月，新四军军长叶挺、参谋长张云逸来立煌巡视工作时也曾驻此。

参考文献：

1. 《安徽大辞典》编纂委员会.安徽大辞典[M].上海：上海辞书出版社,1992.
2. 六安地区地方志编纂委员会.六安地方志[M].合肥：黄山书社,1997.
3. 中共安徽省委党史研究室.安徽省重要革命遗址通览：总第13卷 第1册[M].北京：中共党史出版社,2012.

（文/图：朱其东/宣璐）

23. 金寨革命烈士陵园

　　金寨革命烈士陵园位于安徽省金寨县城梅山镇史河西侧山上，占地面积25万平方米，是全国重点烈士纪念建筑物保护单位、全国爱国主义教育示范基地、全国红色旅游经典景区和安徽省文物保护单位及国防教育基地。园内包括革命烈士纪念塔、革命博物馆、红军纪念堂、洪学智将军纪念碑、红军烈士墓园及红军广场、红军村七个部分。

　　金寨革命烈士纪念塔兴建于1964年，塔高24米，气势宏伟、庄严肃穆，正上方刻有刘伯承题词："燎原星火"，下方为汉白玉浮雕；下方后侧为革命烈士塔碑文，四周苍松翠柏、绿树成荫。烈士塔广场面积2500平方米，广场前有百米台阶。每逢重要节日和纪念活动，都会有各界人士列队塔前，敬献花篮，抚慰英烈。

　　金寨县革命博物馆于1983年对外开放，由邓小平题写馆名。2009年进行扩建维修，并重新布展。目前陈列厅包括序厅、革命史厅、将军厅、名人厅、烈士厅、洪学智将军纪念馆、今日金寨厅七个展厅。

　　金寨县红军纪念堂建筑面积444平方米，于2009年5月重建并对外开放，大门上方"金寨县红军纪念堂"由洪学智题写，堂内两侧长廊陈列着刻有领导人题词的碑石，吊唁大厅陈列着老红军照片、英名册、红军雕塑及在金寨组建和战斗过的11支红军队伍序列表，是祭奠红军战士的殿堂。

洪学智将军纪念碑占地面积840平方米,于2008年10月竣工,包括纪念碑、勋章站柱、纪念广场和长城墙。纪念碑庄重典雅,碑上浮雕展示了这位两次被授予上将军衔的共和国战士的光辉战斗历程。

红军烈士墓园建筑面积3万平方米,安葬了165位红军和革命烈士,其中将军33位。

红军广场建设面积1.9万平方米,包括广场、上山步道、牌楼和浮雕工程等,于2008年6月竣工,它是弘扬革命先烈精神的重要场所。

参考文献:

1. 教育部教育管理信息中心.中华魂爱国主义教育基地[M].北京:人民日报出版社,2006.
2. 安徽省文化和旅游厅.江淮行·皖文[M].合肥:黄山书社,2019.

(文/图:朱其东/束佳)

24. 中共六安中心县委、六英霍暴动总指挥部旧址

中共六安中心县委、六英霍暴动总指挥部旧址位于金寨县燕子河镇闻家店村东岳庙,占地1000平方米。2012年被列为省级文物保护单位。

六英霍暴动即六霍起义,是继黄麻暴动、立夏节起义之后,发生在大别山区的又一次大规模的农民武装暴动。中共六安中心县委成立于1929年10月,11月,组织发动六(安)英(山)霍(山)三县武装暴动。1930年1月22日,六安中心县委在流波䃥,将六安六区、三区和两镇游击队合编成中国工农红军第三十三师。1930年3月,六安中心县委和六英霍暴动总指挥部从六安独山附近的龙门冲迁至此处。随着革命形势的发展,为加强对所属各县的领导,1931年1月,皖西临时分特委员会成立,至此,中共六安中心县委完成了其历史使命。虽然六安中心县委只存在了一年多时间,但在其领导下,不仅取得了六霍起义的胜利,皖西革命根据地得到了蓬勃发展,而且各项经济文化社会事业的建设也初见成效。为后来成立皖西分特临委、皖西北特委等奠定了坚实的基础。

参考文献:
1. 中共安徽省委党史研究室.红皖楹联[M].合肥:安徽人民出版社,2017.
2. 中共六安市委党史和地方志研究室.中国共产党安徽六安历史(第1卷)[M].北京:中共党史出版社,2021.

(文/图:朱其东/朱其东)

25. 刘邓大军挺进大别山革命旧址群

刘邓大军挺进大别山革命旧址群均为清朝及民国时期的较有地方特色的祠堂和民居,是研究皖西、豫南地区的家族祭祀传统、地域风俗民情不可多得的历史物证,是集历史文物价值与红色旅游价值为一体的有较高经济价值的、可开发利用的不可移动文物。2012年被列为第六批省级文物保护单位。

刘邓大军挺进大别山革命旧址群包括:邓小平、李先念等领导同志视察工作旧址——沙河下楼房周宅,刘邓大军野战医院旧址——汤家汇曹氏祠,刘邓大军后方医院旧址——汤家汇刘氏祠,刘邓大军泗河驻地旧址——汤家汇吴氏祠,刘邓大军老营岩驻地旧址——汤家汇程庄老屋。

1947年8月,刘伯承、邓小平根据中共中央的战略部署,率领晋冀鲁豫野战军主力千里跃进大别山,揭开了人民解放战争由战略防御转入战略进攻的序幕。从1947年9月至12月,刘邓大军先后歼敌19万人,以大别山为中心重建根据地,开辟了人民解放军继续前进的战略基地,为扭转人民解放战争的战局,加速全国解放的进程,夺取全国的胜利,建立了不朽的功勋。

参考文献:
1. 赵威.一口气读完中国历史[M].北京:台海出版社,2011.

(文/图:朱其东/束佳、许畅畅)

26. 豫东南道革命根据地旧址群

豫东南道革命根据地旧址群位于六安市金寨县汤家汇镇小街。2006年,中共豫东南道委、道区苏维埃政府机关旧址被国务院列为全国重点文物保护单位。2019年,安徽省将中共豫东南道委、道区苏维埃政府机关旧址、商城县农民协会、红军医院旧址等合并后更名为豫东南道革命根据地旧址群。

汤家汇镇地处鄂豫皖革命根据地的中心区域,是一片红色的土地。1929年,周维炯领导的立夏节起义胜利以后,汤家汇一度成为商城县和豫东南革命斗争的中心。1929年秋至1931年6月,在红三十二师创建的根据地建立了豫东南道委、道区苏维埃政府,苏维埃政府驻进汤家汇接善寺内,辖商城、固始、光山等县。1932年3月,徐向前率红四方面军东进,曾驻寺休整。如今依然保存的许多革命遗迹主要有:豫东南道区苏维埃政府旧址——接善寺,红二十五军诞生地——胡氏祠,红军枪弹库——石氏祠,商南赤色邮政局——徐氏祠,赤城县政治保卫局——姚氏祠,红军医院、少共赤南县委驻地——易氏祠,中共商南县委、商城中心县委驻地——何氏祠,赤城县六区一乡列宁小学校——列宁小学等,其中多处是国家级或省级重点文物保护单位。

参考文献:

1. 曹能求,胡遵远,檀江林.话说红色金寨[M].合肥:合肥工业大学出版社,2018.

2. 大别山干部学院.大别山革命简史[M].北京:中共党史出版社,2016.

(文/图:朱其东/宣璐)

27. 皖西北道革命根据地金寨革命旧址群

皖西北道革命根据地金寨革命旧址群位于六安市金寨县汤家汇镇。2019年，被安徽省人民政府公布为第八批省级文物保护单位。

1931年12月，中共皖西北特委改为皖西北道委，书记方英，辖六安、霍山、霍邱、商城、固始、五星、六霍、黄山、舒城、桐城、寿县、合肥等县党组织。1932年10月，道委机关随红四方面军主力撤离皖西北根据地。12月，为了加强苏区党的工作，在赤南县（金寨县）境门坎山恢复成立皖西北道委，主要管辖鄂豫皖苏区安徽境内各级中共组织。1933年2月初皖西北道委迁到汤家汇办公，豫东南道委并入，不久又成立了少共道委会、道区总工会和妇女委员会等群众组织。道委机关及各群众组织都很短小精干，各部门都只有3—5名干部，集中在汤家汇一家祠堂生活和办公。1934年11月中旬，中共鄂豫皖省委率领红二十五军长征后，皖西北道委便成了皖西地区革命力量的最高领导机关，在书记高敬亭的带领下，当地军民坚持在商城苏仙石、固始杨山、立煌（今金寨）熊家河、杨家滩、金家园子、双河山、皂靴河之间地区，开展了三年游击战争。

参考文献：

1. 安徽省地方志编纂委员会.安徽省志：附录[M].北京：方志出版社，1998.
2. 中共六安市委党史和地方志研究室.中国共产党安徽六安历史（第1卷）[M].北京：中共党史出版社，2021.

（文/图：朱其东）

28. 安徽省工委驻地旧址

安徽省工委驻地旧址位于安徽省金寨县大湾乡汪氏宗祠。

安徽省工委机关原驻金寨县桃岭乡。1938年,日军大举西进,国民党安徽省政府由六安迁至金家寨。为了坚持抗日,组织和领导大别山区的抗日救亡运动,中共安徽省委工作委员会根据中共中央指示,将工委驻地迁至桃树岭的新四军4支队兵站内。1938年8月,又从桃岭迁来汪氏宗祠,随同机关而来的有彭康、郑位三、张劲夫、李世农、谭光廷、黄岩等领导。半年后,省工委才从汪氏祠迁至花石汪家老屋。

汪氏宗祠于乾隆四年(1739年)动工,历时13载,耗资白银近万两。整体建筑飞檐拱斗,画栋雕梁,上、中、下三殿为三进三开间,左右各三间子殿,左右厢房各七间,共29间,各房之间均有走廊相连,建筑面积约2500平方米。

大门上方高悬石制门楣一块,上书"汪氏宗祠",门前上方镶嵌通花木刻。正门厅上层为八角戏楼,楼顶绘有八卦及彩色八仙图,四周围有精细雕刻木质屏风。上、中殿各有直径约1米的大木柱16根,拱斗架梁,为七五三梁式。中殿为敞厅,是祭祀和议事之处。上殿三间供奉祖先神位,上悬"颖川食采"匾额,东西山墙尚嵌有两块石碑,内容为家规家训。该宗祠是皖西古建筑的代表,有着重要的民俗研究价值。

2019年,安徽省工委驻地旧址被安徽省人民政府公布为第八批省级文物保护单位。

参考文献:

1. 安徽网六安新闻.探访大湾红色基地,传承革命奋斗精神[EB/OL].(2022-07-19)[2022-09-01].http://luan.ahwang.ch/edu/20220719/2405168.html.
2. 中共六安市委党史研究室.安徽省革命遗址通览:六安市[M].北京:中共党史出版社,2014.

(文/图:许畅畅/朱其东)

29. 金东县民主政府旧址

金东县民主政府旧址位于金寨县天堂寨镇前畈村王立墩小街。

1947年9月2日，刘邓大军解放金家寨。4日，金寨县民主政府在金家寨成立，由白涛任县长，王相卿任副县长。县民主政府设秘书室、公安局和财粮、工商、交通等科。辖九个区，下设乡、村行政机构。11月下旬，为适应斗争形势需要，以史河、岐岭为界，划金寨东部地区为金东县，县长由县委书记白涛兼任，后为毕仪斌，领导流波、燕子河、马家畈、前后畈等区及城关区部分地区的工作，县民主政府驻古碑，后驻前畈；金寨西部地区称金寨县，亦称金西县，县长先后为卫民、林木森，领导南溪、吴家店、漆店、关王庙、李集、汤家汇等区及城关区部分地区的工作，县民主政府驻南石塘、余富山，后驻关王庙与漆店；金寨北部地区，成立金北办事处，主任孙荣章，领导麻埠、双河、胡店三区。1948年11月，鄂豫一地委决定，金东县与金寨县合并为金寨县。

参考文献：

1. 金寨县地方志编委会.金寨县志[M].上海：上海人民出版社，1992.
2. 六安新闻网.王立墩：即将被遗忘的千年古街[EB/OL].(2015-05-20)[2022-09-01].https://www.luan.gov.cn/zwzx/ztzl/gdzt/lsdbszmzla/211721.html.

（文/图：许畅畅/束佳）

30. 红军村旧址

红军村旧址位于六安市金寨县汤家汇镇李家老湾。李家老湾是一座古村庄,是省级文化遗产重点保护村庄,2016年入选中国传统村落名录。村中古民居占地面积6400平方米,青砖瓦房,属皖西古建筑风格。该建筑群始建于明朝,前后施工20余年,距今300余年。村中祠堂为唐朝建筑,头灵寺为清初建筑,历史上曾被誉为"商南第一村"。旧址现为县级文物保护单位、省级文物保护单位。

在革命战争年代,这个古老村庄涌现出一大批革命志士,为抗击国民党反动派、抗击日寇,为新中国的成立作出了重大贡献。土地革命战争时期,这里是红二十五军、红二十八军开展革命活动和武装斗争的可靠根据地,不断向部队提供粮食、布匹等物资支援,收养伤病员疗伤。抗日战争时期,这里是中共汤家汇区委机关驻地。据家谱记载,百余人的村庄几乎家家有人参加红军,其中有影响的红军战士25人,因此被誉为"红军村"。

参考文献:

1. 六安文明网. 走进"红军村"李家老湾[EB/OL].(2015-02-02)[2021-11-01].http://la.wenming.cn/mlla/201502/t20150202-1572656.html.

(文/图:许畅畅/宣璐)

31. 商城县游击队成立及洪学智将军参军地旧址

商城县游击队成立及洪学智将军参军地旧址位于金寨县汤家汇镇街道文昌宫,2017年被列为六安市文物保护单位。

1929年,立夏节起义胜利后,汤家汇的革命组织立即在文昌宫成立了商城游击队(后改称赤南游击队)。16岁的洪学智到汤家汇火神庙报名参加了商城游击队,并在该小队当班长,住在蔡民祠。当时游击队主要活动在汤家汇、瓦屋基、泗道河子一带的山岭中。日宿荒山,夜钻草洞,有游有击。1930年,商城(赤南)游击队改编为红军独立旅第五团,洪学智仍担任班长。

参考文献:

1. 中共六安市委党史研究室.安徽省革命遗址通览:六安市[M].北京:中共党史出版社,2014.

(文/图:许畅畅/束佳、宣璐)

32. 金寨县古南乡民主政府驻地旧址

金寨县古南乡民主政府驻地旧址,位于六安市金寨县古碑镇司马村何氏宗祠,始建1940年,是一座民国时期的建筑,但建筑风格沿袭了明清的遗风。宗祠坐北朝南、依山近水,周围地势平坦、环境优雅。整个建筑融皖南、江西及皖西古建特色为一体。建筑平面呈正方形,两进两包厢,前殿为三间,后进九间,两边厢房各三间,加上东西边门和门厅共计20间。建筑结构为砖、木、石结构,屋脊、飞檐均用砖瓦层层叠起,院落错落有致,室内梁柱上雕刻有诸葛亮空城计等多幅典故,前殿大门上方刻有二龙戏珠大型石雕,正门两侧竖有石狮一对。门头中央"何氏宗祠"四字系原安徽省政府主席、陆军上将李品仙所题。

何氏宗祠同时也是刘邓大军挺进大别山革命旧址群之一,被列为县级文物保护单位。1947年,中原局和野司机关分成前后两个指挥所,8月,刘伯承、邓小平根据中共中央的战略部署,率领晋冀鲁豫野战军千里跃进大别山,揭开了人民解放战争由战略防御转入战略进攻的序幕。刘邓大军先后歼敌19万人,在以大别山为中心的江淮河汉地区,重建和恢复了中原根据地,开辟了人民解放军继续前进的战略基地,为扭转人民解放战争的战局,加速全国解放的进程,为夺取全国的胜利奠定了坚实的基础。刘邓大军挺进大别山革命旧址群均为清代及民国时期的较有地方特色的祠堂和民居,是研究皖西、豫南地区的家族祭祀传统,地域风俗民情不可多得的历史物证,是集历史文物价值与红色旅游价值为一体的有较高经济价值的可开发利用的不可移动文物。

(文/图:许畅畅/朱其东)

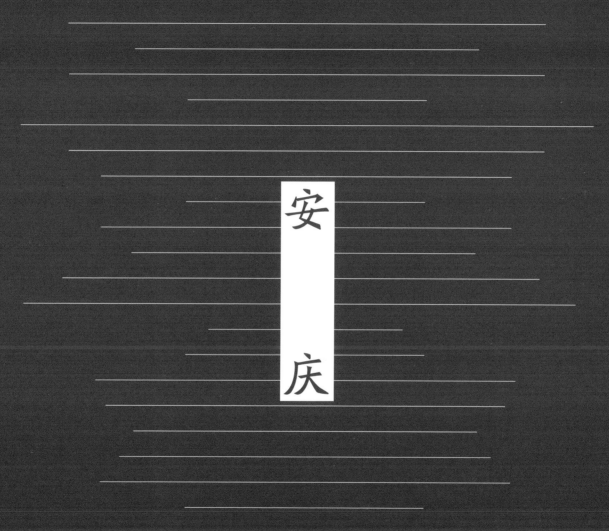

1. 中共太岳县委、县政府旧址

中共太岳县委、县政府旧址位于安庆市岳西县店前镇店前村龚屋组。原为程氏祖宅,为清代建筑,坐北朝南,三进两厢,一进为前厅,二进为中厅,三进为神堂,东西厢房建筑占地面积800多平方米。据程氏后人程学义介绍,该建筑已有大约300年历史。

1947年11月,中共皖西区委和皖西军区在太湖县成立。为了配合刘邓大军在大别山区的斗争,1948年1月,皖西区委决定划出岳西县的店前河、冶溪、白帽、河图、古坊,太湖县的弥陀寺、玉珠畈、薛义河、南斗冲,英山县的杨柳湾、陶家河等地,新建太岳县,并任命李景堂为县委书记兼大队政委,王文焕为县长,辖11个区约10万人口。

当时,太岳县周边有很多国民党部队驻扎,他们与太岳境内的土顽分子勾结,暗杀我党干部、残害百姓。而那时,主力部队都已经转移至外线作战,太岳县太岳大队仅有40多人,而且周围地区都被敌人占领了。在如此艰难的情况下,太岳县委、政府率领县大队在地方武工队和群众的配合支持下首先消灭了地方反动武装,后又击溃了国民党岳西县长傅子远残部500多人。直至1949年3月,太岳县境内土顽和反动武装基本被消灭干净,太岳全境解放。在与敌人斗争的日子里,太岳县委、政府通常都是将各种文件、公章装在一个篮子里跟随人员一同转移,县委政府干部停在哪里,就在哪里办公,故被当地民众风趣地称为"提篮政府"。1949年4月,太岳县委、政府完成光荣的使命后又并回岳西县,李景堂继续任岳西县县委书记。

如今的太岳县旧址保存基本完好,程学义一家居住在旧址中,当年的办公室、会议室、营房基本都保持着原貌,一些革命文物也被保存了下来。

2006年6月,该建筑被列为岳西县重点文物保护单位,并加以维修保护,以便于后人来此参观游览,缅怀先烈。

参考文献:

1.《司空山志》编纂委员会.司空山志[M].北京:方志出版社,2013.

2.中共安徽省委党史研究室.安徽省重要革命遗址通览:总第13卷 第1册[M].北京:中共党史出版社,2012.

(文/图:罗贤龙/罗贤龙、徐平)

2. 红二十八军重建会议旧址

红二十八军重建会议旧址，位于安徽省岳西县河图镇凉亭村凉亭组，原为汪胡氏宗祠，现为安徽省重点文物保护单位。

宗祠始建于清雍正年间，占地面积1500平方米，平面布局为一轴两进左右跨院的四合院形式。砖木结构，硬山式单檐庑殿顶，小青瓦屋面，清水墙，抬梁架，三合土地面。共有房屋57间，建筑面积824平方米。

1934年11月11日，中共鄂豫皖省委根据中央指示，高举抗日第二先遣队旗帜，率红二十五军主力撤离鄂豫皖根据地，北上抗日，留下指示信给未能参加会议的省委常委、皖西北道委书记高敬亭，要求将留下地方党政机关和地方红军以及红二十五军的伤病员组织起来，再次重建中国工农红军第二十八军，继续坚持鄂豫皖边区的武装斗争。1935年2月1日，鄂东北独立团和红二一八团在皖西的抱儿山会师。高敬亭接到省委指示后，当机立断，率领红二一八团和鄂东北独立团1000多人，向皖鄂边凉亭坳转移。2月3日，高敬亭率部到达凉亭坳，当晚高敬亭在凉亭坳汪胡氏宗祠召集方永乐、徐成基、罗成云等高层干部会议，决定将红二一八团和鄂东北独立团合编为红二十八军，高敬亭任军政委，统一领导鄂豫皖边党政军工作，下辖八十二师和手枪团，罗成云任师长，方永乐任师政委，余雄任手枪团团长。次日，高敬亭在凉亭坳西侧竹林湾里召开了全体军人大会，宣布了第三次重建红二十八军的决定。从此，鄂豫皖革命根据地又有了一支主力红军。

红二十八军重建会议旧址是红二十八军坚

持三年游击战争的有力的实物见证,对弘扬、传承革命精神以及开展青少年爱国主义教育具有重要意义。1985年10月,为纪念红二十八军重建50周年,中共岳西县委、县人民政府在该旧址修建了中国工农红军第二十八军重建纪念碑亭一座,由徐向前元帅亲笔为碑亭题名。

参考文献:

1. 安徽省民政厅. 弘扬红色地名 传承红色文化:红二十八军重建会议旧址[EB/OL].(2021-12-21)[2022-09-1]. http://mz.ah.gov.cn/ztzl/hyhsdmcchswh/aqs/120759631.html

(文/图:罗贤龙、查灿华/罗贤龙)

3. 红军中央独立第二师司令部旧址

红军中央独立第二师司令部旧址位于安庆市岳西县天堂镇东山村汪氏宗祠内。

1930年2月,潜山县爆发了著名的"请水寨暴动",暴动后创建了"中国工农红军潜山独立师",后相继更改为"中国工农红军三十四师""中国工农红军中央独立第二师",司令部设在汪氏宗词。红军中央独立第二师在师长王效亭的领导下,转战潜山、霍山等地区,沉重打击了国民党反动统治。

红军中央独立第二师司令部旧址于1981年9月被列为安徽省重点文物保护单位,并成为岳西重要的红色旅游景点和爱国主义教育示范基地。

参考文献:

1. 中共安徽省委党史研究室.安徽省重要革命遗址通览:总第13卷 第1册[M].北京:中共党史出版社,2012.

(文/图:罗贤龙)

4. 中共安庆建党会议旧址

中共安庆建党会议旧址位于安庆市大观区孝子坊街濮家老屋，1995年被列为安庆市重点文物保护单位。2015年7月，被列为安庆市党史教育基地。2019年6月，被安徽省文化和旅游厅确定为省级文物保护单位。

1923年，中共安庆支部在濮家老屋宣布成立。当时，参加成立大会的只有10人，这是在安徽成立的最早的城市党支部。中共安庆支部成立后，先后派出党员到鹭鸶桥造币厂、甲工学校附设织布厂等一些厂矿中间去，走进工人中间，开办夜校，教工人识字，传播马克思主义理论，推动了安庆工人运动的发展。

1924年初，因局势恶化，当地党员被迫离开，党组织活动处于停顿状态。1925年5月，中共中央派人来安庆恢复党组织，并于1926年1月成立中共安庆特别支部。同年5月安庆特别支部扩大为安徽地方执行委员会。

据原中共安庆市委党史研究室主任李银德介绍，中共安庆特别支部成立后的第一要务是抓好党团组织发展。在安庆党团的领导下，革命活动

广泛开展,大大提升了安庆人民的革命觉悟。

中共安庆建党会议旧址现在已经成为爱国主义教育基地、党史教育课堂以及开展革命传统教育的重要场所。

参考文献:

1. 安庆市大观区地方志编纂领导小组.安庆市大观区志[M].合肥:黄山书社,1998.
2. 安徽省地方志编纂委员会.安徽省志:文物志[M].北京:方志出版社,1998.

(文/图:罗贤龙)

5. 祝尔昌烈士故居（樟树湾祝家新屋）

故居位于安庆市宿松西北山区西源山樟树湾祝家新屋（今隶属安庆市宿松县破凉镇车河村）。

祝尔昌烈士是我党早期党员。早年在北京求学时阅读了许多进步刊物，懂得了许多革命道理。1926年北京"三一八"群众运动中，祝尔昌参加群众大会，承担保卫大会主席徐谦、李大钊的任务，因表现突出获准加入中国共产党。1928年回乡，在东林寺县立第六小学教书，传播马列主义，秘密发展党组织，开展武装斗争。1931年3月，当选中共宿松县委书记，1932年春被害，时年26岁。

祝尔昌烈士故居有五进七开间，建筑面积1100平方米，气势恢宏，是典型的明清时期的徽派建筑。其位置较为隐蔽，在此屋北边300米处，有一座四水归堂的小屋叫木耳石，曾是红军的秘密联络点。

抗日战争时期，这里发生过著名的阻击战；解放战争时期，这里还曾为中共宿松县委、县政府所在地。

参考文献：

1. 中共中央党史研究室.中国共产党革命英烈大典：上[M].北京：红旗出版社，2001.

（文/图：罗贤龙）

6. 刘邓大军第三纵队司令员陈锡联驻地旧址（养英山庄）

刘邓大军第三纵队司令员陈锡联驻地旧址（养英山庄）位于安庆市宿松县趾凤乡，山庄为清代刑部主事贺欣之子贺庭桂所建。

该建筑为一处砖木结构的大型徽派建筑群体，坐北朝南向，四进九开间，共36间，东西共有厢房26间，总计62间。大门上有"养英山庄"石刻横额，左有贺欣撰写的四首纪念诗，右有贺欣五子贺庭桂撰写的《养英山庄记》。解放战争时期，刘邓大军的三纵七、八、九旅开进宿松，纵队司令部先设趾凤河三泽崇文小学，后迁至养英山庄，司令员陈锡联将军曾居住于此。

2019年，养英山庄被安徽省人民政府列为第八批文物保护单位。

参考文献：

1. 安庆市地方志编纂委员会.安庆大观[M].北京:方志出版社,1999.

（文/图：石丽娟/徐平、罗贤龙）

7. 姜高琦、周肇基、黄家馥墓

姜高琦、周肇基、黄家馥墓位于安庆市菱湖公园东北隅。

1920年,因安庆学生不满教育经费过低,向当时军阀政府请愿,被军警镇压,发生了震动全国的"六二惨案",姜高琦、周肇基重伤身亡,周肇基夫人黄家馥亦以身殉情。安庆民众在菱湖公园将姜高琦衣冠安葬并建立纪念堂和血衣亭,周、黄二人亦被安葬在姜高琦墓旁,称"姜周坟祠"。

抗日战争中,墓旁石像及血衣亭被毁。1987年,市政府重修,血衣亭位于墓冢前,仍按20世纪20年代初建时的旧貌复建。

参考文献:

1. 安庆市地方志编纂委员会.安庆市志[M].合肥:黄山书社,1997.

(文/图:石丽娟)

8. 渡江烈士墓

渡江烈士墓位于安庆市大观区海口镇海口村海口小学内。

1949年4月21日，渡江战役激烈进行中，敌机再次飞至我军上空，第二野战军某连接到任务，要把敌机引至海口洲以西的方向。在此次掩护行动中，一名连长和四名解放军战士在海口镇境内壮烈牺牲，当地百姓自发将烈士的遗骸、遗物收集在一起安藏。1950年海口小学筹建，为了让子孙后代永远铭记这段历史，当地老百姓决定把校址选在烈士墓旁。经过70多年的风雨，渡江烈士墓已成为海口小学校园不可分割的一部分。每年的清明时节，市民们会自发来此缅怀革命先烈、接受思想洗礼，海口小学也因此成为了安庆大观区红色革命教育基地。

2010年，渡江烈士墓被安庆市列为市级文物保护单位。

参考文献：

1. 安庆市大观区地方志编纂领导小组.安庆市大观区志[M].合肥：黄山书社，1998.

（文/图：石丽娟）

9. 安庆市革命文物陈列馆

　　安庆市革命文物陈列馆是安庆市人民政府于1993年建成的专题性纪念馆,位于风光秀丽的莲湖东道,占地9000多平方米,和黄镇生平事迹陈列馆是一个机构、两块牌子。馆舍建筑面积2500平方米、展厅面积1600平方米。陈列馆由序厅、生平厅、书画厅、起居厅四个部分组成,形象展示了黄镇同志作为将军、外交家、艺术家革命的一生、光辉的一生。陈列馆为国家重点博物馆、安徽省爱国主义教育示范基地、省文物保护单位、省党史部门"一市一馆(址)"工程项目。

参考文献:

1. 中共安徽省宣传部宣教处.爱我安徽:省级爱国主义教育基地巡礼[M].合肥:安徽美术出版社,2003.

(文/图:周晨)

10. 陈独秀墓园

陈独秀墓园位于安庆市郊。整个墓地1058平方米。墓坐北朝南，由墓冢、墓碑、墓台、护栏、墓道构成。墓冢高4米，直径7米，汉白玉贴面。墓碑通高2.4米，碑身高1.8米。墓台两层，正方形，通高2.4米，四周有汉白玉栏杆。墓南台阶与长30米、宽6米的墓道相连接。墓的两侧共排列着64株杉树，寓意陈独秀走过的64个春秋；5棵龙柏松，寓意他曾经担任过中国共产党一大至五大的总书记或执行委员会委员长。

陈独秀墓已开辟为独秀园，一条整洁的水泥路直通墓地。墓冢在原墓的基础上进行了升高扩大，用汉白玉包盖为半球形，墓基是用汉白玉铺砌的两层平台，四周有雕石栏杆，墓前有宽阔的石阶和通道，2米高的黑色花岗岩石碑十分醒目，碑上刻着"陈独秀先生之墓"七个大字。

园内浮雕展示了陈独秀的一生，分四个部分：第一部分英年志气，第二部分惊天动地，第三部分开天辟地，第四部分浩然正气。陈独秀铜像展现了陈独秀在新文化运动中抨击旧礼教、旧文化，宣传新思想、新文化的光辉形象。园内的《新青年》雕塑正面刻有该杂志正式更名后的第二卷第一号的封面，背面刻有陈独秀于1915年发表在杂志创刊号上的《敬告青年》一文的六个标题。园内还建有陈独秀纪念馆，以介绍其生平事迹。1998年，陈独秀墓被列为安徽省重点文物保护单位。

参考文献：
1. 中共安徽省委党史研究室.安徽省重要革命遗址通览：总第13卷　第1册[M].北京：中共党史出版社，2012.

（文/图：周晨）

安庆

11. 陈延年、陈乔年烈士故居旧址

陈延年、陈乔年烈士故居旧址，位于迎江区沿江中路58号（原安庆市第一自来水厂内），又称安庆南水关陈独秀故居，是陈独秀嗣父陈衍庶于清光绪末年购置的，四进三开间，为徽派风格二层民居，各进之间由连廊相接，围合成天井，大门朝南。自清末至抗日战争中安庆沦陷，陈衍庶家族在此聚族而居，陈延年、陈乔年烈士在此成长，历经辛亥革命、新文化运动、大革命历史风云。

陈延年，1898年出生于安庆市的南水关旧居。大约五六岁时，祖母和母亲便送他入私塾读书，十二三岁进新式学校，先后就读于安庆尚志小学和全皖中学。陈乔年，1902年出生于安徽安庆。幼时，他与哥哥陈延年同在家乡求学，勤奋攻读。五六岁时即入私塾读书，辛亥革命后考进新式学校。他自幼好学，又有叔祖父陈昔凡的指点和哥哥陈延年的帮助，故学业进步很快。在家乡求学的几年里，时间虽然不长，兄弟俩却读过不少经史典集，在国学方面打下了较为厚实的基础。1915年，兄弟俩离开故乡到上海读书，与他们的父亲——正在主编《新青年》杂志的陈独秀生活在一起。

20世纪80年代初，安庆市因自来水厂建设需要，拆除了陈延年、陈乔年烈士故居。故居旧址现为安庆市级重点文物保护单位。

参考文献：

1. 中共上海市委党史研究室.上海党史知识读本[M].上海：上海人民出版社，2011.

（文/图：周晨）

12. 陈延年、陈乔年读书处

陈延年、陈乔年读书处位于陈独秀故居（安庆市南水关培德港2号）的南边，现为大南门西巷37号，为一组晚清民居式建筑，陈延年、陈乔年兄弟俩五六岁时先后在此读私塾，辛亥革命后进入新式学校学习。该处坐北朝南，共四进，每进建筑面阔三开间，穿枋式木构架、硬山顶、小青瓦合瓦屋面，占地面积444.16平方米，建筑面积约300平方米，1995年7月被列为安庆市文物保护单位。

陈延年、陈乔年读书处旧址建筑除第三进还保存着木构架外，其余各进及院落均有较大程度的改建。此处是陈延年、陈乔年接受国学启蒙教育的地方，它见证了两位烈士少年时期成长、求学的经历。

参考文献：
1. 中共上海市委党史研究室.上海党史知识读本[M].上海：上海人民出版社，2011.
2. 叶肖志.世纪读笔[M].上海：上海人民出版社，2006.

（文/图：周晨）

13. 红二十八军军政旧址

红二十八军军政旧址位于安庆市岳西县包家乡鹞落坪国家级自然保护区境内,是鄂豫皖边区重要的革命根据地之一。距县城55千米,是国家AAA级景区、安徽省廉政教育基地、安徽省领导干部党史教育基地。

红二十八军军政旧址是1935年至1937年红二十八军坚持鄂豫皖三年游击战争的大本营。1934年11月,中共鄂豫皖省委按照中央军委的指示,率红二十五军撤离鄂豫皖根据地开始长征。根据省委长征前留下的指示信,1935年2月,省委常委、皖西北道委书记高敬亭在岳西县凉亭坳第三次组建了红二十八军,坚持在大别山区开展革命斗争。1935年夏,高敬亭率红二十八军转战中进入鹞落坪,见这里崇山峻岭、山高林密、易守难攻,便决定在此建立根据地。后又在此创立山林医院、红军被服厂、小型修械所和红军商店,这里便逐渐形成了红二十八军大本营和中心游击根据地。此后,红二十八军便以此为依托,转战于鄂豫皖三省45个县,坚持了三年艰苦卓绝的鄂豫皖边区游击战争,让革命的红旗高高地飘扬在大别山上。

红二十八军军政旧址主要包括红二十八军军史展陈馆、军政旧址复原陈列聂家老屋、纪念广场三部分。其中军史展陈馆分四个展室八个部分,按照历史事件发展的顺序,通过文物、资料、图片等展示,借助复原场景及声、光、电等现代科技手段,生动地再现了红二十八军在十分艰苦和险恶的环境里,面对百倍于己的敌人,毫不畏惧、英勇奋战的光辉历程。聂家老屋复原了红二十八军会议室、高敬亭卧室、红军地铺、红军医院、红军商店等场景,再现了红军当年生活战斗的主要情景。纪念广场占地面积1200平方米,是参观者举行纪念先烈活动的场所。广场南侧树有一座纪念碑,碑文是1984年时任国家主席李先念亲笔为岳西老区题的词:"向牺牲在大别山区的烈士们致敬。"碑身浮雕以白色的花岗岩为材料,碑顶有党旗图案,底座以"军魂"二字表示红二十八军是我党、我军历史上一座永久的丰碑。

参考文献:

1. 中共安徽省委党史研究室.安徽省重要革命遗址通览:总第13卷 第1册[M].北京:中共党史出版社,2012.

(文/图:罗贤龙/徐平、罗贤龙)

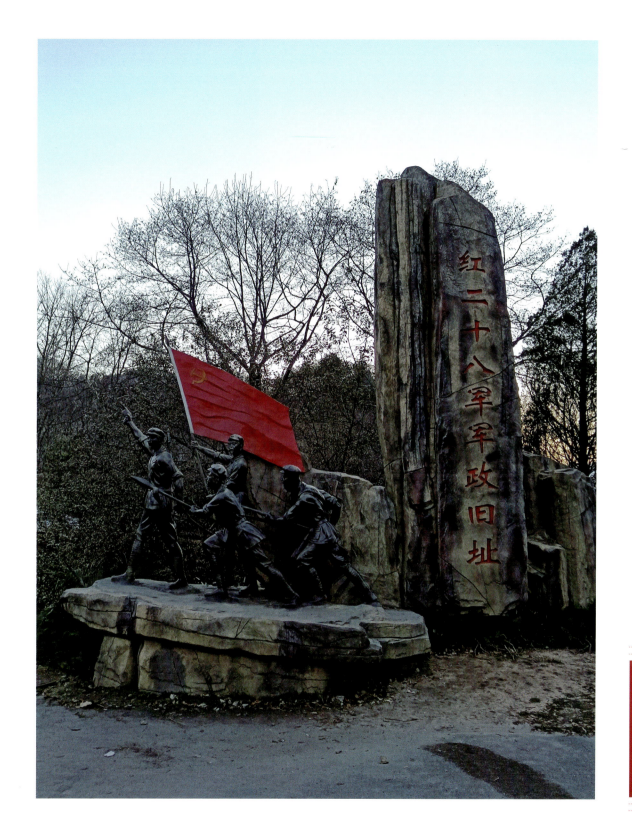

14. 安庆市烈士陵园

安庆市烈士陵园坐落于安庆市北郊新城学院路西君山岭,它的前身为君山岭君山墓,集中安葬了新民主主义革命时期以及社会主义革命和建设时期壮烈牺牲的411名英烈。安庆市烈士陵园占地约126.7亩,主要纪念设施包括:一座42.3米高的五星纪念塔、烈士墓、烈士纪念馆、主题雕塑、纪念广场和重大革命事件纪念墙等。烈士陵园依山就势,气势恢宏,采用"一轴一心六区"的结构。如今陵园已成为一个重要的革命历史教育和爱国主义教育基地。

(文/图:张婉/周晨)

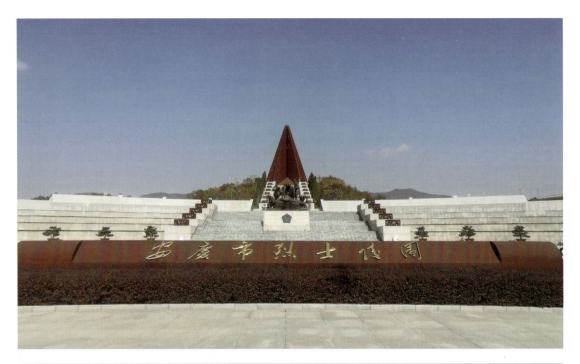

15. 腊树镇革命烈士墓群(李结海烈士墓)

腊树镇革命烈士墓群(李结海烈士墓)位于怀宁县腊树镇腊树社区。2017年9月22日,腊树镇革命烈士墓群被列为安庆市第七批市级文物保护单位。

李结海、潘红银、查化群三位烈士的墓就坐落于此。墓群在西湖区凤篁岭下南天竺、龙井路旁。该墓群面朝东南,墓地选址在原演福寺遗址上。该墓群占地面积不大,却是怀宁县重要的红色教育基地。

(文/图:周晨)

16. 林氏祠堂

林氏祠堂位于安庆市潜山市水吼镇天柱村胜利组，始建于1924年，2005年至2007年由"十德堂"与"九牧堂"两支林氏后裔合资重新修葺，2019年被列为第八批省级文物保护单位。

林氏祠堂内的檐口、梁架、栏杆、柱础、龙井等构件，其木雕、石雕工艺精湛、构思精巧，深受明清时期古建筑风格的影响，充分体现了成熟的徽派建筑雕刻艺术的技艺之高。祠堂一进设有亭阁式全木结构的戏楼，并在两侧置副台与厢楼；二进为"九牧堂"厅堂，为祭祀、祈福活动场所。在一进与二进之间配有一口天井。西边耳房有三扇"哥特式"窗户，是红军在此议事时改建的。整个建筑设计为两进，轴线取南偏西5度；通面阔25.6米，通进深21米，占地面积达540平方米。在硬山墙面砌有四列二级马头墙，穿斗式木构架，白瓦灰墙。

祠堂所在的水吼镇位于潜山西部，总面积83平方千米，中心镇距县城23千米，距安庆市84千米，距岳西县城30千米。这里是典型的革命老区，水吼革命事迹陈列馆、石河区农会旧址、梅寨起义旧址、和平修械所等红色旅游资源丰富。近年来，当地结合党史学习教育，充分发挥当地红色旅游资源优势，传承红色基因，强化党建引领，探索出一条党建引领促宣扬的"红色路径"。

（文/图：周晨/张婉）

17. 邓稼先故居（铁砚山房）

邓稼先故居（铁砚山房）坐落于安庆市宜秀区大龙山北麓，五横乡白林村境内，白麟畈邓家大屋西段。主体建筑名为铁砚山房，是"两弹一星"科学家邓稼先的出生地。邓稼先（1924—1986），安徽怀宁人，著名核物理学家、中国科学院院士、中国核武器研制的开拓者和奠基者。1950年8月获得美国普渡大学博士学位后，回国开展原子核理论研究，历任国家第二机械工业部核武器研究院理论部主任、核武器研究设计院院长等职，主持了中国原子弹、氢弹的研制和实验工作。1999年，被追授"两弹一星功勋章"。铁砚山房为四进穿斗式瓦房，二、三进铺设有木板楼。第一进为门厅；第二进是正厅，名"守艺堂"；第三进名"燕誉居"；第四进为仓库。主体建筑西侧为斋馆、庭院，外围为花园，占地面积总计近1000平方米。

（文/图：张婉/周晨）

安庆

18. 吴樾故居

吴樾故居坐落于安徽省桐城市区西后街中段西侧延陵巷内,坐北向南,原占地面积较宽,分前厅、后厅、厢房、后院等部分,因年深日久,陆续改建,旧貌稍有改变。现存吴樾幼年书房、卧室等五间平房,面阔1.9米,进深三间,长5.2米,面积为187平方米。系砖木抬梁结构,两坡瓦顶,前设檐廊,撑拱承檐。每室前后开窗,上为开启式竖窗,下为固定式横窗,宽敞明亮。室内西山墙挂有吴樾殉难照片。故居1986年7月被安徽省人民政府列为省级重点文物保护单位。

吴樾,原名吴越,字梦霞,1878年生,桐城人。自幼治学严谨,勤奋自励。1900年,入保定高等学堂,广结爱国志士,投身民主革命。1903年,任教于两江公学,协办《直隶白话报》。1905年,吴樾怀揣炸弹,由保定入北京车站,试图炸死清政府出国考察宪政五大臣,自身殉难,年仅28岁。

参考文献:

1. 安庆市地方志编纂委员会.安庆地名掌故[M].合肥:黄山书社,2001.

(文/图:张婉/周晨)

19. 中共怀宁中心县委旧址

中共怀宁中心县委旧址，坐落在安庆市西门太平寺街。旧址为砖木结构，坐东朝西，共为三进。前为大门，门内为天井，一进平房设为厅室；二进为二层楼房，前半部右侧开一狭长天井，为明间，后半部为暗间；三进是厨房；前进宽4米，后进宽3.2米，进深28.4米。房子窄而深，加之二进后半部为暗间，十分隐蔽，地处深巷，很适宜开展地下工作。1927年，中共党员姚佐元与郭诚淑以夫妻名义租借此房，东西两间，作为中共怀宁县临委机关。1928年3月，中共怀宁县委正式成立。一年后，中共怀宁中心县委成立。中心县委除了直接领导安庆城区党组织外，还负责指导怀宁、潜山、桐城、太湖、宿松、望江、贵池、庐江、东流、秋浦等县工作。临委主要活动在安庆、怀宁兼及桐城（包括枞阳）、潜山、庐江等县。中共怀宁中心县委旧址现为安庆市重点文物保护单位。

参考文献：

1. 安庆市地方志编纂委员会.安庆市志[M].合肥：黄山书社，2008.

（文/图：张婉/周晨）

20. 北中区苏维埃政府旧址（吴氏宗祠）

北中区苏维埃政府旧址位于太湖县北中镇明珠村。原为吴氏宗祠，其主体建筑两侧厢房滴水外延5米，背排水沟后延伸50米，南至广场围墙外大路以下。现为太湖县县级文物保护单位。

北中镇地处大别山南麓，皖鄂两省四县交界，省道211穿境而过，县道通达岳西、英山、蕲春三县，交通便捷，是皖鄂省际边贸人流、物流、商流、信息流的聚散地。1931年10月，中共北中区委在此召集群众大会，宣布成立北中区苏维埃政府，下设六个乡，会上还颁布了一系列土地工商政策法令。北中镇历史悠久，位置优越，文化底蕴深厚。

参考文献：
1. 国家文物局.中国文化地图集：安徽分册 下[M].北京：中国地图出版社，2014.

（文/图：李虹/周晨）

21. 渡江战役二野四兵团司令部旧址——陈氏宗祠

陈氏宗祠为渡江战役二野四兵团司令部旧址，位于安庆市望江县凉泉乡同乐村。祠堂前后共三进，砖木结构，抬梁斗拱，一进有木质通楼，中进较前后进略宽大，左右为回廊式厢房。祠堂面积约500平方米。祠堂东厢为电话室，西厢为陈赓司令员的办公室。

1949年渡江战役前夕，中国人民解放军第二野战军第四兵团选择陈氏宗祠作为渡江战役指挥部。1949年4月20日至6月2日，经过43天英勇作战，中国人民解放军共歼灭国民党军43万余人，占领了国民党反动统治中心——南京，解放了上海、杭州、南昌、武汉等城市及其周边广大地区。此次战役的胜利，彻底粉碎了国民党政府"划江而治"的幻想，宣告了国民党蒋介石政府22年反动统治的覆灭，大大加快了全国解放的进程。

渡江战役二野四兵团司令部旧址既具有研究古祠堂建筑结构所需的实物资料价值，也有着重要的历史、人文和爱国主义教育价值。

参考文献：
1. 中共安徽省委党史研究室.安徽省重要革命遗址通览:总第13卷 第1册[M].北京:中共党史出版社,2012.

（文/图：李虹/周晨）

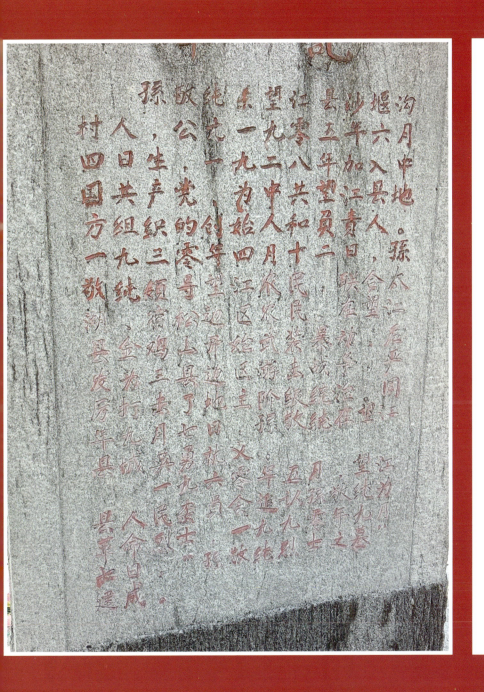

22. 孙敬纯烈士墓

孙敬纯烈士墓位于望江县鸦滩镇茗山村,建于1990年。2012年,被列为安庆市第六批市级文物保护单位。

孙敬纯,1905年生,望江县人,革命烈士。孙敬纯出身于农民家庭,1916年入私塾读书。1926年参加国民革命军,投身于大革命运动,1928年加入中国共产党。中共太湖特支建立后,他任支委兼上花棚党小组长。不久任中共太湖特区委员兼上花棚支部书记。孙敬纯在太湖、望江一带组织抗租、抗债委员会,发动广大农民进行抗租、抗债斗争,同时筹集弹药,建立革命武装。1930年4月,其率赤卫队员和武装农民200余人冲进国民党乡长、恶霸地主李某的家宅,开仓放粮,并就地处决了李某,推动了当地农民运动的发展。后因叛徒出卖,孙敬纯在望江张家屋村被县自卫团诱捕,就义于县城北门外。他赴刑场时,沿途高呼"中国共产党万岁!中国工农红军万岁"的口号,并踢倒刑场的酒案,表现出了共产党人慷慨就义的英雄气慨。

1960年5月4日,望江县人民委员会发文追认其为革命烈士。1990年9月7日,望江县人民政府为其修墓立碑,作为当地重要的革命传统教育和爱国主义教育场所。

参考文献:

1. 安徽省民政厅.江淮英烈[M].合肥:安徽人民出版社,1981.

(文/图:李虹/徐平、罗贤龙)

23. 望江渡江烈士陵园

　　望江渡江烈士陵园兴建于1959年，是为纪念在渡江战役中牺牲的革命先烈而建的。陵园内现安放着210位渡江烈士的骨灰，其中有名烈士82位，无名烈士128位。1996年烈士陵园迁址重建，2000年4月21日建成开园。新陵园建设占地1.7万平方米，建筑面积1600平方米，园内建筑古朴典雅。陵园以主门楼、渡江烈士纪念碑为主轴线，两侧有广场花园相映衬。园内建筑有渡江烈士纪念碑、渡江雕塑、渡江烈士骨灰陈列室、资料陈列室等。

　　望江渡江烈士陵园现为安庆市文物保护单位、红色旅游经典景区、爱国主义教育示范基地。

参考文献：

1. 中共安徽省委党史研究室.安徽省重要革命遗址通览：总第13卷　第1册[M].北京：中共党史出版社，2012.

（文/图：李虹）

24. 白沙中学旧址

白沙中学旧址位于太湖县小池镇白沙村境内何氏宗祠。2017年被列为安庆市第七批市级文物保护单位。何氏宗祠始建于1827年,1850年毁于兵乱,何氏后裔及时捐资修复。原为一幢三进三开间,两侧为厢房;前两进在"文革"期间被毁。现仅存后一进,三开间,左右为厢房;青砖小瓦砖木结构,三级马头墙,为硬山顶。旧址占地面积1835.22平方米,主体建筑面积160.89平方米;殿内有六根立柱,柱基为六棱柱石鼓,石鼓上有各式浮雕图案;上有穿枋,穿枋上由升子斗支撑大梁,穿枋及升子斗斜撑等雕工精细。

1931年,何氏族人何晓耕在此创办私立尚志小学。1944年,何晓耕、何鹏在此创办太湖县第一所私立中学——白沙中学。1947年8月间,桂林栖、刘昌毅等率领皖西人民自卫军来到白沙中学修整,在此召开军事会议,决定攻打徐家桥,扩大军事、政治影响,推动太、宿、望三县的革命斗争。1947年10月1日,太湖县民主政府成立,3日即召开全县第一次教育工作会议,决定将白沙中学改为太湖公学,县长李英兼校长,何鹏任副校长。

参考文献:

1.《安徽省太湖中学志》编纂委员会.安徽省太湖中学志[M].合肥:黄山书社,1996.

(文/图:李虹)

25. 操球烈士墓

操球烈士墓坐落于安庆市怀宁县高河镇谢山村祠堂组,现为市级文物保护单位。

操球,原名操建球,1894年3月16日生于怀宁县万福乡孙家冲村(今茶岭镇万福村)。1919年10月,操球考入安庆造纸厂当翻砂工。1921年9月,他目睹厂长吴柏生克扣工人工资、无理开除工人的行径,便组织和领导全厂工人展开驱逐厂长的斗争,迫使吴柏生补发了工人应得的工资。

1927年春,操球加入中国共产党。入党后,他积极组织多个行业工人开展工人运动,支援国民革命军北伐。1928年3月,任红色工会主席。9月,中共高河区委成立,操球任书记,直接领导高河地区的革命斗争。他广泛发动群众,组织农民协会,成立农协小组。到1929年底,农协会员已发展到千余人,为武装斗争提供了可靠的群众基础。他还积极购买枪支弹药,储备刀矛器械,为武装暴动做准备。

1930年春,高河地区粮荒严重,粮商张光中等趁机勾结国民党反动军队,囤积万担大米,准备外运芜湖,致使春荒加剧。操球按照上级党组织的部署,因势利导,坚决而果断地发动了高河埠暴动。4月29日,1600多名群众汇集大王庙,操球指挥纠察队撞开张光中米行大门,组织暴动群众破仓分粮。其他米行迫于形势,也表示愿意售米。暴动斗争取得胜利。

高河埠暴动震惊了省会安庆,引起反动阶级的极大恐慌。反动当局立即下令通缉操球。操球被迫携带武装转移潜山,继续开展地下斗争。先后担任工农红军独立师第五游击队指挥、第三十四师第三团团长。

1930年底,国民党反动派在安庆实行大搜捕。次年2月6日,操球为营救被捕同志,不顾个人安危,直奔安庆郭家桥党的地下交通站,不幸被敌特逮捕。不久,在安庆北门外刑场上壮烈牺牲。

操球牺牲后,其遗体由家乡亲友安葬在高河埠东南菖蒲岭上。1949年4月,安庆解放,地委追认操球为烈士,后来,高河区团委为之竖立墓碑。1982年怀宁县人民政府拨出专款,将旧墓修葺一新。

参考文献:
1. 中共安徽省委党史研究室.安徽省重要革命遗址通览:总第13卷 第1册[M].北京:中共党史出版社,2012.

(文/图:李虹)

安庆

26. 何世玲烈士墓

何世玲烈士墓位于安庆市怀宁县江镇镇上丰村，为1940年所立。2017年9月22日，被列为安庆市第七批市级文物保护单位。

何世玲，1902年生，字石棱、士林，别号曼侬，安庆市怀宁县江镇镇人，著名革命烈士。1921年考入安徽省立第一师范学校，在校加入团组织，不久又转为中共党员，成为安庆早期党组织的成员之一。学业届满后，于1926年底奔赴广州，参加北伐军。翌年初，随北伐军进入武汉。何世玲曾任武昌南湖学兵团政治部主任、第七军军部秘书、中共武汉市委政治部宣传科长等职。1927年6月，受中共安徽省临委的派遣，从武汉回到安徽，在当时的省城安庆开展革命活动。1927年7月3日何世玲被捕，英勇就义。1949年底，皖北行政公署追认何世玲为革命烈士。

参考文献：

1. 中共安徽省委党史研究室.安徽省重要革命遗址通览：总第13卷 第1册[M].北京：中共党史出版社，2012.

（文/图：李虹/徐平、罗贤龙）

安庆

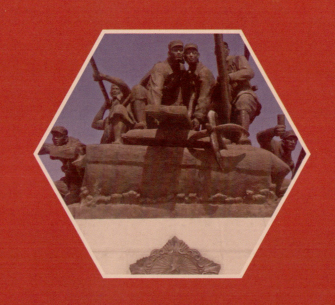

1. 马子中烈士墓

马子中烈士墓位于合肥市肥西县上派镇中派村马郢子南30米处。

马子中,1907年生,原名马家堂,合肥肥西人。他的表兄颜文斗在上海读书期间,经常寄些进步书刊给他阅读。马子中追求真理,向往革命,于1930年加入中国共产党,担任中派特支干事、南乡区委委员等职。二人长期以教书为掩护,从事党的地下工作。

1932年秋,中共合肥中心县委遭到破坏,马子中和颜文斗依合肥临时中心县委指示,在中派河一带恢复和发展党的组织,组织农民协会,领导群众开展扒粮斗争。除夕夜,他们组织几十人扒了中派河北街几户地主家的粮,分给贫苦群众过年。同时将肥南部分赤卫队员组织起来,重建合肥游击队,由赵大友任队长、颜文斗任政治指导员、马子中任军事教练。游击队开始在肥南、肥西一带活动,后扩展到舒城、六安、庐江、巢县部分地区,在肥西聚星街、周小圩、丙子埠、程店等地镇压了一些土豪劣绅。1933年7月5日,中共合肥中心县委恢复,马子中被选为县委执委、工人部长。

1933年秋,马子中在程店附近彭圩组织农民协会,因叛徒告密被捕,后被押往三河。马子中被捕后受尽酷刑,始终没有吐露党的秘密。敌人无可奈何,遂将马子中送往合肥县政府,途经中派河时,被颜文斗率领游击队营救。

1934年6月,马子中等率合肥游击队由庐江向肥南丙子埠转移,经严店附近韩田上村宿营时,因哨兵被捉后走漏消息,被国民党反动武装近千人围攻,激战中不少游击队员牺牲,马子中、颜文斗等16人被捕,后被押送六安。马子中等始终坚贞不屈。1934年9月,马子中等被押到六安北门外活埋,壮烈牺牲。

1944年,马子中烈士父亲马传余病故,其亲人将马子中烈士遗留的衣物等与其父一并合葬。1999年6月,因合界高速公路建设,肥西县人民政府将烈士墓迁建至上派镇中派村马郢子。

参考文献:

1. 中共安徽省委党史研究室.安徽省重要革命遗址通览:总第13卷 第1册[M].北京:中共党史出版社,2012.

(文/图:罗贤龙/马嶺)

2. 渡江战役总前委旧址

渡江战役总前委旧址位于安徽省肥东县撮镇瑶岗村，1996年被列为第四批全国重点文物保护单位，2009年被列为全国爱国主义教育示范基地。

渡江战役总前委旧址均为清末徽派建筑，包括总前委旧址、中共中央华东局旧址、总前委参谋处旧址、总前委机要处旧址、总前委秘书处旧址、总前委后勤处、警卫营、总前委医院、防空洞和墩塘等部分。总前委旧址原是清末五品顶戴中书科中书衔太学生王景贤的宅第，是个四合院。房子屏门格扇，雕梁画栋，古朴典雅。一进正屋东房为陈毅卧室，西边一间是时任华东局常委、宣传部长、军区政治部主任舒同的卧室，最西边一间是刘伯承的卧室，两侧厢房是警卫人员的居室。二进正厅是总前委会议室，正面屏风上悬挂毛泽东、朱德的画像。北侧正中的展橱里展出的是渡江战役前夕，邓小平主持召开的一次总前委、华东局联席扩大会议，部署渡江作战任务和接管江南新区及支前工作的会议纪要等文字材料。

总前委参谋处旧址原是张氏支祠，建于清末年间，位于华东局旧址往西约200米处。总前委进驻瑶岗时，参谋处设于此。参谋处旧址现为渡江战役及解放战争期间部分珍贵革命文物展厅，这里收藏并陈列着渡江战役及解放战争期间的各种枪支、枪套、斧头、报刊、肩章、被褥、生活用品，以及曾经在这里工作过同志的回忆录和渡江战役纪念馆工作人员对他们的访谈录，陈列展示渡江战役史、资料图片及总前委在瑶岗的部分文物，全面、客观、生动地再现了渡江战役的全过程。

总前委旧址西边的是机要处旧址。旧址原是王景贤二弟的住宅，总前委进驻瑶岗村后是肖光、廖昌英等机要员工作、生活的场所。再往西南行50米，为防空洞遗址。总前委驻扎在瑶岗那段时间，国民党经常派飞机空袭这一带。为应对国民党飞机空袭，开挖了这个防空洞。防空洞深约6米，空间约60平方米，中间留有直圆形土柱。防空洞东南约60米是墩塘遗址，墩塘面积现已不大，塘中央有一土墩，墩上有一凉亭，飞檐翘角、古朴典雅。总前委进驻瑶岗后，邓小平、陈毅等领导人经常在此谈兵论政，下棋休闲。

总前委秘书处旧址原是王景贤四弟的住宅，总前委进驻瑶岗村后是秘书处人员工作、生活的场所。

参考文献：

1. 中共安徽省委党史研究室.安徽省重要革命遗址通览:总第13卷 第1册[M].北京:中共党史出版社,2012.

（文/图：罗贤龙/王家辉）

3. 新四军江北指挥部旧址

新四军江北指挥部旧址位于合肥市庐江县汤池镇严家松园。此处西南环山、层峦叠嶂、地势险要,是西进大别山的通道。在旧址兴建了新四军江北指挥部纪念馆,徽派四合院建筑格局,白墙黑瓦,占地面积6000平方米,现为市级文物保护单位。

为了加强对江北地区新四军武装力量的领导,更好地开展敌后抗日战争,1939年5月,根据中共中央指示,新四军军长叶挺一行巡视江北,于江北第四支队驻地庐江东汤池严家松园组建第四军江北指挥部,张云逸兼任指挥,徐海东、罗炳辉任副指挥,赖传珠任参谋长,邓子恢兼任政治部主任。江北指挥部所辖部队由初建时的7000余人,至1941年2月,发展到近2万人,进行大小战斗200多次,歼灭日伪军近9000人,为中华民族的解放事业立下了不朽功勋。

1994年,庐江县汤池镇政府在相思村征地10亩,兴建了新四军江北指挥部纪念馆,展出150多幅照片。纪念馆经过多次提升改造,现陈列了200多幅珍贵的历史照片、图表和文献资料,系统介绍了新四军江北指挥部及所属部队组成、发展、壮大的过程,再现了在中国共产党领导下,新四军将士不畏艰难困苦、不怕流血牺牲的伟大抗战精神。

新四军江北指挥部旧址现为国家级抗战纪念设施、遗址,安徽省党员干部党史教育基地,安徽省爱国主义教育示范基地。

参考文献:
1. 安徽省政协文史资料委员会.安徽近现代史辞典[M].北京:中国文史出版社,1990.

(文/图:李帮)

合肥

4. 安徽省博物馆陈列展览大楼

安徽省博物馆陈列展览大楼位于合肥市安庆路268号，于1956年2月落成，为仿苏式建筑，常设展览有"安徽革命史陈列""安徽古生物陈列""安徽好人馆"等，2013年被列为全国重点文物保护单位。

展览大楼平面布局呈"中"字型，为砖混结构，面南背北，建筑面积11580平方米，展览面积7826平方米，正中主楼五层（第五层为塔楼），两侧副楼两层为展厅。造型呈U形，建筑简洁壮观、平面规矩、中轴对称、庄严肃穆。主楼高耸突出，回廊宽缓伸展，是合肥市20世纪50年代兴建的三大建筑之一，留下了特色鲜明的时代印痕。

1958年，毛泽东视察安徽省博物馆并发表了重要讲话："一个省的主要城市，都应该有这样的博物馆，人民认识自己的历史和创造的力量是一件很要紧的事。"这一讲话，既对安徽省博物馆和安徽文物工作表示了肯定，也为新中国博物馆事业发展指明了发展方向。周恩来、刘少奇、朱德、邓小平、李先念、叶剑英、彭德怀、陈毅等老一辈党和国家领导人先后来馆视察，陈毅同志题写了馆名。2010年，江泽民同志视察了安徽省博物馆并亲笔题词。

参考文献：

1. 中国文化报.安徽省博物馆正式免费开放[EB/OL].(2011-09-23)[2022-09-01].http://www.chinanews.com.cn/cul/2011/09-23/3350238.shtml.

2. 朱永春.安徽建设[M].合肥:安徽文艺出版社,2015.

（文/图：李帮/胡旭扬）

合肥

5. 王亚樵家族墓

王亚樵家族墓位于合肥市瑶海区原磨店乡政府以西约3千米处,为合肥市重点文物保护单位。

王亚樵,1889年生,安徽合肥人,字九光,抗日志士、民族英雄。王亚樵曾创建"斧头帮",名震上海滩,曾先后组织策划暗杀直系军阀淞沪警察厅长徐国梁、上海招商局总办赵铁桥、国联调查团长李顿伯爵、宋子文、汪精卫以及蒋介石等,被称为"民国第一杀手"。1936年,王亚樵被戴笠设计暗杀于广西梧州,其遗体由老友郑抱真、徒弟许志远安葬于广西梧州倪庄。1991年,王亚樵次子王继辅将其父尸骨带回上海火化,1997年,王亚樵遗骸从梧州被迁往合肥磨店乡王圩村,下葬其家族墓中。

王亚樵家庭墓由七座墓组成,墓地均朝向正东,其中自南向北第三座墓是王亚樵墓。王亚樵墓面向正东,墓碑正面镌刻着"先父王公亚樵之墓"。王亚樵墓碑背面有《王亚樵先生墓表》墓志铭,由合肥学院许有为教授与王亚樵的外甥郭世均联合撰写:

> 王公亚樵,中国近代史上之奇男子也。公讳玉清,号九光,祖居合肥北乡,耕读传家;龄入塾就傅,聪颖过人。年十七,应童子试,名列前茅。时当清代季世,朝廷腐败,列强入侵。公激於民族大义,加入同盟会,奔走反清救国。武昌首义胜利,公集同志成立庐州军政公府,任副都督。功败垂成,亡命上海。一九一五年晋见孙中山先生,投身护国讨袁之役。旋上书孙先生,建议以暗杀手段铲除军阀,再造共和。先生未许。
>
> 公日后之行藏,於此初见端倪。二十年代初,奉命联合浙督卢永祥。公及刺杀淞沪警察厅长,出任记部纵队司令。齐记战败,返穗。二次南北议和,公为南方代表。一九二六年,国民革命军誓师北伐,公任安徽副宣慰使;被困洪泽湖。次年宁汉公裂,公突围到南京,痛斥同室操戈,致力反蒋。
>
> 二十世纪三十年代初,日寇占我东北,侵入华北。公痛感神州陆沉,於一二八淞沪之役,组织义勇军,率众抗日;与十九路军并肩浴血奋战,名扬中外。淞沪停战后,日寇在虹口公园举行祝捷庆典。公义愤填膺,密派部众配合朝鲜义士,潜入园内,引爆炸弹。敌首白川大将当场毙命,要员十馀人或死或伤。国人欢腾,举世震惊。公自此而后,坚持抗日救亡,至死不渝。一九三三年冬,赴福州参加福建人民政府。一九三五年,派人於国民党四届六中全会之际,刺杀蒋介石未果,重伤亲日派汪精卫。
>
> 一九三六年,公自香港避居广西梧州,被戴笠派人行刺,壮烈殉难,终年四十八。纵观公之一生,可谓特立独行,无私无畏。公以"暗杀大王"名於世,实则嫉恶如仇,从善如流。为人急公好义,宽厚仁慈。故乡父老至今犹有口碑。
>
> 一九九一年,公之哲嗣继辅,自广西负亡父遗骸返沪火化,一九九七年回乡安葬。今当重修墓园,再镌碑碣,因记公之生平大略,以告乡亲国人。

毛泽东曾这样评价王亚樵:"杀敌无罪,抗日有功。小节欠检点,大事不糊涂。谁给中国制造悲剧,他就给谁制造悲剧。这个人的事迹值得写进历史。"

参考文献:

1.《安徽历史名人词典》编辑委员会.安徽历史名人词典:下[M].合肥:安徽教育出版社,2008.

(文/图:李帮/杨世海)

6. 安徽医科大学毛泽东塑像

安徽医科大学校园文化广场中央矗立着一座坐南朝北的毛泽东全身塑像,这是安徽省第一尊毛泽东室外塑像,现为市级文物保护单位。

这座高12.26米、重45吨的毛泽东塑像于1967年12月26日毛泽东诞辰纪念日正式落成。1967年5月,当时校名还为安徽医学院的全校师生得知清华大学在清华园竖起一座毛泽东塑像的消息后,纷纷要求效仿。经与当时的省博物馆、省物资委、省设计院等几十家单位联系,最终,在几十种方案中,选定塑像图案。经过半年多的紧张施工,安徽省第一座大型室外毛泽东塑像诞生。如今,这座塑像矗立在安徽医科大学校园内已逾半个世纪。

(文/图:李帮/潘楚阳)

合肥

7. 李克农故居

李克农故居位于合肥市巢湖市烔炀镇中李村,现为省级文物保护单位、安徽省爱国主义教育示范基地。

李克农,1899年生,合肥市巢湖人,杰出的社会活动家、外交家,忠诚的无产阶级革命家,中国共产党隐蔽战线的卓越领导者和组织者。在长期的革命生涯中,他以对党无限忠诚和高度负责的态度,在紧急关头保护了党中央的安全,在关键时刻向党中央提供了许多重要情报,为中国人民的解放事业作出了重大贡献。

1999年,为纪念李克农诞辰100周年,故居按原貌修复,留有庭院,并新建了300多平方米的《李克农将军生平事迹陈列厅》,同时,征集文物和图片资料陈列布展。同年9月,正式对外开放。2003年,对其进行扩建。故居总占地面积1521平方米,建筑面积550平方米,馆藏文物200余件。故居门楣上挂着一块由杨尚昆题写的"李克农故居"的门匾,院内芳草如茵。

故居先后被授予"省国家安全教育基地""省国防教育基地""省革命精神代代传教育基地""安徽省十大红色旅游景点""国家安全教育基地""中国人民解放军情报战线革命传统教育基地"称号。

参考文献:

1. 方兆本.安徽文史资料全书:巢湖卷 下[M].合肥:安徽人民出版社,2007.

(文/图:李帮/尹春阳)

1. 王稼祥故居

王稼祥故居位于泾县西南厚岸村，是新民主主义革命时期中国共产党重要领导人王稼祥出生和少年时期生活的地方。故居一进三间，砖木结构，是一幢具有皖南地域特色的徽派民居建筑，由八字院门、大院、正厅、厢房、门屋及厨房等组成，建筑面积约300平方米。2001年，依托故居，投资新建了一幢建筑面积1130平方米的王稼祥故居纪念馆，徽派建筑风格，馆名由全国书法家协会时任主席张海题写，同时还扩建了1500平方米的生态纪念广场，并对王稼祥故居进行了修缮，如重建了东台书院等。

王稼祥，1906年生，原名嘉祥，又名稼啬，安徽泾县人。忠诚的马克思主义者，杰出的无产阶级革命家，中国共产党和中国人民解放军卓越领导人，中国共产党和新中国对外工作的开拓者之一。革命战争年代，曾任中共中央党报委员会秘书长、中国工农红军总政治部主任、中央革命军事委员会副主席、中央三人军事小组成员、中共中央军委副主席、八路军总政治部主任、八路军军政学院院长、中共驻共产国际代表；新中国成立后历任中国驻苏联大使、外交部副部长、中联部部长、中央国际活动指导委员会主任委员、中共中央书记处书记等职。1974年1月25日在北京因病逝世。

王稼祥故居现为全国爱国主义教育示范基地、全国重点文物保护单位、国家3A级旅游景区。

参考文献：

1. 贺海伦.延安时期著名人物[M].西安：陕西人民出版社，2015.

（文/图：周叶君/汪博挺）

宣城

2. 新四军军部旧址

新四军军部旧址位于宣城市泾县云岭镇东西15千米范围的13个自然村,罗里村"种墨园"是新四军军部司令部参谋处旧址,内有两栋砖木结构楼房和一栋平房,属中西合璧的古建筑。

1937年"七七"事变后,南方八省红军游击队改编为国民革命军陆军新编第四军。同年12月25日,新四军军部在武汉成立,并于1938年8月2日进驻云岭,直至1941年1月"皖南事变"发生。新四军军部在云岭近三年时间里,

是新四军在华中敌后发展的关键时期。在叶挺、项英的领导下,新四军将士活跃在大江南北,英勇抗敌,创建了多个的抗日根据地。作为新四军指挥中枢的新四军军部,为中国抗日战争的胜利作出了巨大贡献,在中国革命史册上留下了光辉的一页。1961年,新四军军部旧址被列为第一批全国重点文物保护单位。1963年7月,陈毅为"新四军军部旧址纪念馆"题写馆名。

新四军军部旧址总建筑面积达1万平方米,现保存完好的有军部司令部、大会堂、政治部、中共中央东南局、烈士墓、叶挺桥等十多处旧址,后新增了《云岭碑园》、叶挺铜像广场、辅助陈列、专题展览等设施,占地面积约2万平

方米。这些旧址大都是明、清时期的徽派古典建筑，至今古貌依然、规模宏大、雕刻精美、建筑风格独特，是全国首批重点文物保护单位、全国保存最完整的革命旧址群之一，也是我国近现代八大重要史迹之一。新四军军部旧址纪念馆内收藏有各种珍贵图片、文物、资料，多达4000余件，包括新四军高级指挥员周子昆使用过的怀表、叶挺使用过的望远镜等文物。

这些旧址拥有丰富的历史和文化内涵，结合复原陈列和辅助陈列，以多种形式再现了

当年新四军指战员丰功伟绩，向后人传诵着伟大的铁军精神和抗战精神。

参考文献：
1. 安徽省文化和旅游厅.江淮行皖文[M].合肥：黄山书社，2019.

（文/图：周叶君/汪博挺）

宣城

3. 新四军抗日殉国烈士墓

新四军抗日殉国烈士墓，位于宣城市泾县城西北25千米云岭镇南堡村后黄龙岗，在新四军军部旧址向东2.5千米的山岗上，为省级文物保护单位。

该地是一条高10余米、长约1千米的黄土岗，南北绵亘，远看像一条卧龙，故名黄龙岗。新四军军部驻扎在云岭期间，前方阵亡将士的遗体就埋葬此山上。新中国成立后，当地将坟归葬，修起一座高大的烈士墓，葬有新四军蔡启等131位指战员的遗骨。墓高2米、长3米，墓前立有新四军抗日殉国烈士纪念碑，碑高1米，宽0.78米，于1952年立。墓周围青松苍劲挺拔，显得庄穆肃然。

1941年皖南事变后，国民党顽固派对云岭进行了血腥清洗和严格控制，新四军抗日牺牲的烈士坟茔都不能公开祭扫。云岭有外地客居的异姓农抗会会员40余人，自发组成孤坟会，每年清明时节以挑孤坟为名对烈士坟茔进行护理，寄托对烈士的无限哀思，直至1964年抗日殉国烈士墓被云岭纪念馆接管才告结束。

参考文献：

1. 汪周永.宣城名胜古迹[M].合肥：安徽人民出版社，2004.

（文/图：周叶君/王勇、雷雪芹）

4. 新四军总兵站遗址

新四军总兵站遗址位于宣城市泾县云岭镇。2016年被列为第二批市级文物保护单位。

1938年4月,新四军集中于皖南岩寺整编,军部以煤业救护队为骨干,成立了"新四军军部总兵站"。兵站是军部同外界和下属单位通信联络、人员接送、物资运输的据点,因此处在敌伪和顽固派的特务、侦探的包围之中,环境十分险恶。1938年8月2日,军部进驻泾县云岭后,总兵站移驻泾县章渡镇,至1940年底奉命撤离。在两年半的时间里,兵站的同志们在任务艰巨、处境危险的情况下,出色地完成了上级交给的人员输送、粮秣供应、通信联络、物资筹措、维持后方秩序、动员民众支前等各项重要任务,为新四军的发展壮大、战斗力的提高、敌后抗日根据地的开辟作出了卓著贡献,章渡总兵站的历史是新四军军史中重要的组成部分。

参考文献:

1. 邰耿豪.革命战争时期人民部队兵站[M].北京:金盾出版社,2016.

(文/图:周叶君)

5. 中共双花园党支部旧址

中共双花园党支部旧址位于泾县桃花潭镇宝峰村双花园村民组。

1928年秋，在国民党白色恐怖最严重的时期，泾县籍中共党员王文波偕上海复旦大学学生、中共党员朱学东来到双花园，凭借亲友关系将位于张氏家族祠堂的私塾学堂改为新式学堂。他们以教书为掩护，秘密宣传马列主义，开展地方党组织筹建活动，经过一段时间的接触、了解和考察，先后发展了10余名党员，并于1928年11月建立泾县第一个中共支部——双花园支部，支部书记为毕石米。支部成立后，主要任务是发展党员，宣传发动群众。1929年春，双花园党支部组织活动相继拓展到南冲、查村、水东等地，并建立了三个分支部。

双花园党支部的党员们还义务帮助当地贫困群众春耕秋收，解决他们生产生活上的困难，并积极筹款支援皖南红军。在双花园党支部的影响下，泾县各地的党组织如雨后春笋般纷纷建立起来。

双花园党支部作为泾县第一个成立的中共支部，在泾县革命斗争史上有着标志性意义。

参考文献：

1. 谭公侠,章琦.艰难岁月[M].合肥:安徽人民出版社,1991.

（文/图：周叶君）

6. 皖南特区苏维埃政府旧址

皖南特区苏维埃政府旧址位于宣城市泾县汀溪乡桃岭村。旧址为砖木结构,三间一厢,为1912年搭建的民居建筑,面积约200平方米。

1932年3月,泾县汀溪乡桃岭成立了中共榆桃岭支部。1935年1月,中国工农红军北上抗日先遣队十九师团长王歧山率红军远征来到榆桃岭,在当地赤卫队配合下,将桃岭发展成为泾旌宁宣游击根据地的中心区。1935年下半年,在桃岭村建立皖南特区苏维埃政府,发动群众打土豪、分田

地。这是泾县建立的第一个红色革命政权。2016年,皖南特区苏维埃政府旧址被列为第二批市级文物保护单位。

参考文献:

1. 崔乃夫.中华人民共和国地名大词典:第5卷[M].北京:商务印书馆,2002.

(文/图:周叶君/汪博挺)

7. 仕川农民暴动旧址

仕川农民暴动旧址位于宣城市旌德县俞村镇仕川村,原属喻氏祖屋,建造于清朝后期,系砖木结构四合院,面阔12米,进深20米,建筑面积286平方米,正屋高约7.5米,两进五开间,每进进深两间,两旁有回廊,中间有天井。1989年被列为旌德县重点文物保护单位。

1927年4月12日,蒋介石在上海发动反革命政变,反动逆流很快影响到山城旌德。逃往芜湖、安庆等地的土豪劣绅纷纷返回旌德县,在国民党右派的支持下,对革命势力进行疯狂的反扑。4月29日,国民党安徽省政府派反动分子唐绍尧到旌德任县长,大肆逮捕共产党员和进步人士,只当了53天"草鞋县长"的谭梓生被迫离职,革命形势异常严峻。此时,中共旌德党组织负责人王庭甫前往仕川村与从武汉学习返回的中共党员喻世良等人召开秘密会议,决定5月16日举行农民武装暴动,攻打县城,赶走反动县长,恢复民主政权。

1927年5月15日晚暴动开始,队伍在各村庄游行示威。深夜,暴动战士抬着刻有"拥护谭梓生,枪杀唐绍尧"标语的两门檀树大炮,扛着27支步枪和40支土枪及大刀、长矛、虎叉等武器,走途经绩溪县境内的考溪、楼下、三叉口的山间小道,翻越旌绩交界的株树岭,向县城进发。5月16日上午,当暴动队伍到达县城瑞市桥头时,遭到早有防备之敌猛烈阻击,双方对射一个多小时,终因准备仓促,组织不严,缺乏实战经验,暴动失败。总指挥王庭甫等骨干成员共13人被杀害于上东门外河滩。

仕川农民暴动纪念碑位于仕川村村口,砖石混凝土结构,占地面积260平方米,建筑面积9平方米。整个碑高8米,碑座呈正方体,镌刻有"旌德仕川农民暴动简介",碑身正面有中共安徽省委原第一书记李葆华于1997年春所题的"仕川农民暴动纪念碑"9个大字,现为旌德县爱国主义教育示范基地。

参考文献:

1. 何警吾.徽州地区简志[M].合肥:黄山书社,1989.

(文/图:周叶君/汪博挺)

宣城

8. 项英、周子昆殉难处——蜜蜂洞

项英、周子昆殉难处——蜜蜂洞，位于泾县茂林镇濂长村赤坑山，因其山顶的圆形石峰被当地人称为"蜜蜂蛹"，蛹底端一洞中开，为天然原始岩洞，被称为"蜜蜂洞"。洞口高1.8米，洞宽2米，深4米，险峻、隐蔽、极难攀登，是安徽省文物保护单位。

皖南事变发生后，新四军副军长项英、副参谋长周子昆曾在此洞中隐蔽。蜜蜂洞很小，只能容纳三四个人。项英、周子昆带着副官处副官刘厚总、警卫员黄诚在此居住。随行其他同志在山下一个山坳处隐蔽，负责警戒。1941年3月14日，项英、周子昆二人惨遭叛徒刘厚总杀害。二人遗体被掩埋在距蜜蜂洞不远的石壁下，长达十年之久，直至1955年移葬南京雨花台。1990年10月，泾县人民政府在蜜蜂洞及遇难者埋葬处立碑纪念，并拨款维修山道，新建"思亭""慰亭"，供后人上山凭吊。

参考文献：

1. 崔乃夫.中华人民共和国地名大词典：第5卷[M].北京：商务印书馆，2002.

（文/图：周叶君/王勇、雷雪芹）

9. 603探空火箭发射场旧址

603探空火箭发射场旧址位于宣城广德市誓节镇茆林村,建成于20世纪60年代初,总占地约167万平方米,是我国首个生物试验探空火箭发射场。

1960年3月,中国航天人在上海南汇老港成功发射了我国第一枚自主研制的探空火箭T-7M后,便移师到了誓节镇一片荒芜人烟的山坳里。此后的六年间,这里先后进行了30多次各种类型和用途的探空火箭发射试验。诞生了我国探空火箭发射史上一个个"中国第一":第一枚液体燃料气象探空火箭发射成功;第一枚高空生物试验火箭发射成功回收;第一次电离层探测试验任务成功……在生物火箭试验中,"小豹"和"珊珊"两只小狗搭载的火箭回收成功,飞行高度为100多千米,成功开创了我国生物火箭的先河,为我国开展载人航天工程积累了宝贵经验。

"文化大革命"爆发后火箭发射基地陆续转移到酒泉、西昌。此处仅剩一个发射架和部分房屋,原80万平方米用地被改造成项目林。至今,高52米的笼式钢骨发射架依旧巍然耸立在1256平方米的发射坪中央。

该遗址是中国航天事业发展和以钱学森为代表的爱国科技工作者勇于攀登科学高峰的见证,是全国人民巨大的精神财富。

2012年6月,603探空火箭发射场旧址被列为省级文物保护单位,2020年入选第四批国家工业遗产名单。

参考文献:

1.《安徽文化年鉴》编委会.安徽文化年鉴:2014[M].合肥:安徽人民出版社,2014.

(文/图:周叶君/王勇、雷雪芹)

10. 陈村烈士墓

陈村烈士墓位于绩溪县板桥乡陈村靠岭头，进深4.8米，宽6.5米，高1.9米。顶碑高2.1米，阔0.4米，刻"烈士墓"三个字。墓志铭："一九四七年初冬我皖浙游击队在陈村战役反击反动派光荣牺牲之烈士之永垂不朽 一九六四年九月建"。通体花岗石，墓地占地18平方米。墓内安葬在陈村战斗中牺牲的游击队副连长甘国忠、排长小林等10多位烈士。1983年被列为县级文物保护单位，2017年被列为市级文物保护单位。

1947年11月，国民党安徽省保安第三团第一大队和绩溪、旌德两县联防队近千人，向绩溪岭北根据地发动"清剿"。中共皖浙边工委书记唐辉等率游击队主力部队200余人，奔赴蜀马袭击国民党军据点。行军至陈村，与敌相遇，激战8小时，击溃敌人，毙敌百余，取得了战斗的胜利。激战中，有10多位同志英勇牺牲。1977年，有关部门在墓前建"烈士纪念亭"，立碑镌记陈村战斗经过和烈士的英雄事迹，成为绩溪县一处重要的爱国主义教育场所。

参考文献：

1. 绩溪县地方志编纂委员会.绩溪县志[M].合肥：黄山书社，1998.

（文/图：雷雪芹/王勇、雷雪芹）

11. 红军烈士墓

红军烈士墓位于宣城市绩溪县长安镇镇头村东榨坑口。

1936年10月5日,转战皖南的红军游击队一部(上浙皖独立营)80余人摆脱国民党四十六旅一个连及绩溪、旌德、宁国三县保安队的追堵,由宁(国)旌(德)绩(溪)边界进入绩溪下溪、大溪一带。8日,攻占二区区署长安镇,毙敌一名,活捉并处死区长江钟莹,释放被押的全部壮丁。红军一战士牺牲,葬于潘家岭。9日,红军游击队越竦岭入歙县,复返回绩溪金坑,上金山一线。

红军烈士墓原在潘家岭上竹园内,1965年迁今址,墓体占地5平方米,墓顶立碑,上刻"永垂不朽"四个大字,墓面刻"中国工农红军第十军团烈士墓"。

红军烈士墓于2000年3月被绩溪县人民政府公布为绩溪县重点文物保护单位。

参考文献:

1. 中共安徽省委党史研究室.安徽省重要革命遗址通览:总第13卷　第1册[M].北京:中共党史出版社,2012.

(文/图:雷雪芹/王勇、雷雪芹)

12. 江家场革命烈士陵园

江家场革命烈士陵园位于宣城市宣州区孙埠镇三里村。

江家场是一个有着光荣革命传统的小村庄。革命战争年代，江家场先后有江干臣、江汉等16人加入中国共产党，30多人参加革命斗争。江干臣，1927年加入中国共产党，参与组建宣城市区第一个党组织——中共宣城小组。宣城小组发展为中共宣城独立支部时，任组织委员，是江家场，乃至孙埠一带党的基层组织的创始人和领路人。新中国成立后，曾担任安徽省财政厅厅长、全国农业展览馆党组书记兼馆长。1982年病逝。江兴烈，1939年参加新四军，曾任芜湖县抗日民主政府方村区区长，1945年8月被国民党顽固派杀害。江洲，1938年参加新四军，曾任新四军五旅十五团参谋长，1946年在宿北战役中牺牲。江福安，1943年参加革命，曾任中原野战军某部连指导员，1948年在豫东战役中牺牲。

为了缅怀革命先烈，传承红色基因，孙埠镇修建了江家场革命烈士陵园。现为市级文物保护单位。

参考文献：

1. 孙宗溶.孙宗溶文集[M].合肥:合肥工业大学出版社,2005.

（文/图：雷雪芹/王勇、雷雪芹）

13. 夏雨初烈士故居

　　夏雨初故居位于郎溪县毕桥镇灯塔村蒋顾村民组,旧址是一处清代民居。2019年,夏雨初烈士故居及墓被列为第八批省级文物保护单位。

　　夏雨初早年加入共产主义青年团,1925年加入中国共产党。1927年9月在中共安徽省临委的指导下,中共郎溪县特别支部成立,有党员13人,夏雨初任书记,以"建平公学"为基地开展活动。1928年5月9日,其领导郎溪农民暴动。暴动失败后,受中央指派化名张建华,在沪西开展工会工

作,任中共沪西区委员,1930年任中共中央特派员兼南京市委行动委员及工人部长。1930年7月29日,由于叛徒出卖,夏雨初于南京下关被捕,并于8月18日在雨花台就义。1934年秋,经党组织多方努力,夏雨初烈士的遗骸被运回郎溪,安葬在蒋顾村。

参考文献:

1. 顾永俊,夏家霖.夏雨初传[M].南京:江苏人民出版社,2016.

(文/图:雷雪芹)

14. 姚村苏维埃政府旧址

姚村苏维埃政府旧址位于郎溪县姚村乡夏桥村路途村民组,为一元宝形门头的二层清代砖木结构古民居。1983年,姚村苏维埃政府旧址被列为县级文物保护单位。2016年,被列为第二批市级文物保护单位。

1930年夏,姚村乡一带的纸槽工人和农民,在江西苏区派来组织农民运动的李同洲的帮助下,接受皖南红军独立团的领导,组建农民赤卫队,共570人。10月25日,农民赤卫队袭击国民党姚村乡公所,击毙乡长姚木奎,首战告捷。随后,农民赤卫队在夏桥的路途村召开姚村苏维埃政府代表大会,建立了郎溪

县近代史上第一个苏维埃政权,成立姚村苏维埃政府和农民赤卫团,陈建富当选为苏维埃政府主席,并被任命为赤卫团团长。皖南红军独立团团长王金林、政委邱宏毅到会祝贺。当月,广郎宣苏维埃代表大会在姚村召开,选举产生了广郎宣苏维埃准备委员会,大会还选举了出席全国苏维埃代表大会的代表。11月,赤卫团配合红军独立团攻打宣城水东失利。1931年10月,因叛徒告密,陈建富被国民党郎溪县政府逮捕杀害于姚村西街头,姚村苏维埃政府随之解散。为适应斗争形势,皖南红军独立团及姚村农民赤卫团的部分成员,改编为"皖南红军游击队"。改编后,王金林率部撤离姚村,在以黄金坝为中心的广德西南乡的农村继续坚持革命斗争。

参考文献：

1. 郎溪县地方志编纂委员会.郎溪县志[M].北京:方志出版社,1998.

（文/图:雷雪芹）

15. 中共沙桥支部旧址

中共沙桥支部旧址位于郎溪县涛城镇黄墅村沙桥村民组14号。旧址为一幢三进两厢、圆合八间土木结构的二层清代民居，始建于清光绪四年（1878年），迄今已有140余年历史，该房屋曾是革命先辈中共郎溪沙桥支部书记李允功的祖居。

1930年，在宣城省立第四中学读书的中共党员李允功、张国祥、孙瑾等人在李允功的老家涛城镇沙桥村建立了中共沙桥支部，李允功任支部书记。这也是郎溪县最早的党组织。1933年4月，涛城地区党员队伍不断发展壮大，郎溪沙桥支部提升为中共沙桥中心支部（亦称郎溪特支）。新中国成立前，郎溪县涛城镇曾是中共郎广中心县委机关驻地，老街的阚家茶馆曾是新四军的地下交通联络站。

参考文献：

1. 郎溪县地方志编纂委员会.郎溪县志[M].北京:方志出版社,1998.

（文/图：雷雪芹/王勇、雷雪芹）

16. 向阳烈士陵园

向阳烈士陵园位于宣城市宣州区向阳镇老街西南方向200米处。陵园占地1350平方米，园内向阳烈士墓为圆锥形，周长9.85米，高2.4米。该陵园被列为宣城市重点文物保护单位。

向阳，1921年生，江苏常州人。1938年离开学校投入抗日救亡运动，同年加入中国共产党。1940年11月下旬，受中共皖南特委派遣，到宣城孙埠一带开展抗日工作，任中共宣城县委宣传部长。皖南事变发生后，常以雇工、船工、樵夫等职业做掩护，帮助新四军突围人员及身份暴露的中共党员、进步人士安全转移。1943年冬，地方抗日游击队扩编为新四军皖南支队宣城游击大队，向阳任副大队长，兼第三区队长。1944年初，他率区队战士在孙埠镇河西亲睦乡一带开展活动，机智灵活地击日寇、歼汪伪、打顽军、杀土匪，连连获胜，战果累累。

1945年11月初，向阳在带领乡亲转移途中不幸牺牲，年仅24岁。为纪念烈士，新中国成立后亲睦乡改名为"向阳乡"。1979年，当地修建了向阳烈士陵园。

参考文献：

1. 中共安徽省委党史研究室.安徽省重要革命遗址通览：总第13卷 第1册[M].北京：中共党史出版社，2012.

（文/图：周庆九/王勇、雷雪芹）

17. 新四军二支队司令部旧址

新四军二支队司令部旧址位于宣城市宣州区狸桥镇蒋山村，为两个三进瓦房，2019年被列为第八批省级文物保护单位。

1938年8月，由张鼎丞任司令员、粟裕任副司令员的新四军二支队进驻宣城北乡。9月初，二支队司令部机关移驻宣城一带，先后驻扎史家湾、东华里、上冯村、慈溪、塔山村、晏家堡、刘村、蒋山村等十多处。1939年8月，新四军军部决定设立江南指挥部，9月粟裕前往苏南，不久二支队机关亦迁往苏南。二支队在狸桥一带整整一年，部队人数由初建时的2700余人发展到6000余人，还建立和发展了以工农为骨干的地方武装。新四军二支队司令部旧址见证了新四军发展壮大、英勇抗敌的光辉历史。

参考文献：

1. 方江山，蔡长雁.走进红色宣城[M].北京:研究出版社,2005.

（文/图：周庆九/王勇、雷雪芹）

1. 戴安澜烈士墓

戴安澜烈士墓，位于芜湖市镜湖区赭山公园，占地面积336平方米，是第二批国家级抗战纪念设施、遗址之一。园内塑立戴安澜烈士铜像。

戴安澜，原名戴衍功，又名戴炳阳，号海鸥，无为县人，生于1904年11月25日。青年时代因看到祖国处在危难之中，为了表达自己挽狂澜于既倒的凌云壮志，自行改名叫"安澜"。戴安澜家境清贫，1923年考入陶行知创办的南京安徽公学高中部学习。1924年，投笔从戎，参加北伐军。1925年考入黄埔军校第三期步兵科学习，翌年参加了北伐战争。1933年2月，戴安澜在国民党第十七军二十五师一四五团任团长，参加了古北口战役。"七七事变"爆发，戴安澜已升任第七十三旅旅长，先后参加了保定、漕河、台儿庄、中条山诸役，1938年5月，因战功晋升为第八十五军八十九师副师长。1939年1月，又升任第五军二〇〇师师长，12月奉命率部参加昆仑关（大明山区）战役。一月苦战，毙敌6000，缴获甚多，威名远扬。

1942年3月1日，戴安澜奉命率二〇〇师为第五军的先头部队入缅作战。缅甸同固一役，戴师抗击五倍于己之敌，以伤亡800勇士的代价，歼敌近5000人，书写了抗战史上光辉的一页，连日军也不得不承认，同固之战是缅战中"最艰苦的战斗之一"。

同固战役之后，戴师奉命转移至叶新。喘息未定，因西路乔克巴唐英军被围，又奉命驰援。刚解围，东路棠吉又告失守，4月21日，遂又奉命收复棠吉。24日拂晓，戴师发起攻击，先后攻占西南北三面高地，并突入市区与敌巷战。战斗打得异常激烈，戴安澜亲临前线指挥，争夺至午夜，棠吉被攻克，捷报飞传，国人无不欢欣鼓舞。

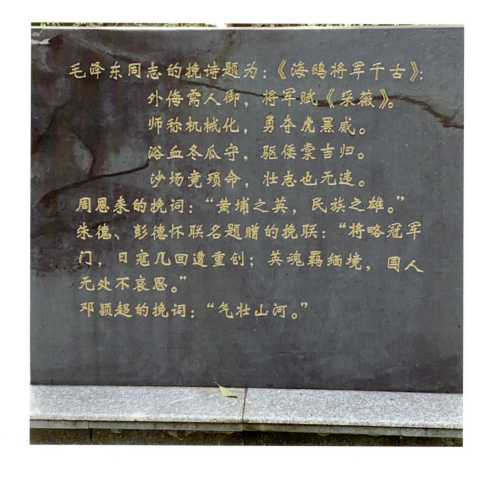

攻克棠吉后，戴师奉命转移。5月16日，在朗科地区，突遭敌重兵伏击。在密林中鏖战了两昼夜后，全师突出重围，但戴安澜不幸为流弹所中，胸腹部受伤。然而，他在担架上仍继续指挥战斗。由于当时缅甸已进入雨季，连日战斗，衣履如浸，泥血斑斑，且进入山区，人烟稀少，医药不全，因伤势严重恶化，戴安澜不幸于5月26

日下午5时40分与世长辞,年仅38岁。遗体火化后,遗骨被装在一口楠木棺材内运回广西全州安葬。

1943年4月1日,广西全州香山寺为其举行隆重的国葬仪式,国共两党领导人纷纷书赠挽诗、挽词和挽联。

同年12月,国民政府发布命令,追赠戴安澜为陆军中将,并批准戴安澜的英名入祀南京忠烈祠。1943年的秋天,戴安澜的灵柩由广西全州迁葬于安徽芜湖故里。

1956年9月21日,中华人民共和国中央人民政府内务部追认戴安澜将军为革命烈士。2009年,戴安澜被评为"100位为新中国成立作出突出贡献的英雄模范人物"。

参考文献:

1. 中国人民抗日战争纪念馆.抗战英烈谱[M].北京:团结出版社,2017.

(文/图:周叶君/王敬中)

2. 戴安澜故居

　　戴安澜故居，位于芜湖市辖无为市洪巷乡练溪社区风和自然村，为一座砖木结构的四合院房屋，内隔墙是木板相扣式墙体，是我国明清时期建筑的典型结构，中间有天井，宽敞的屋内摆放着水车、石碾等旧物。

　　该故居是抗日名将戴安澜出生和青少年时期生活过的地方。现为第七批省级文物保护单位、芜湖市爱国主义教育示范基地，并于2019年入选第八批全国重点文物保护单位名单。

参考文献：

1. 苏士珩，罗永能.巢湖文化全书：名胜文化卷[M].北京：东方出版社，2007.

（文/图：蔡正丽/周庆九、马克家）

芜湖

3. 刘希平先生墓

刘希平先生墓位于芜湖市镜湖区大赭山山顶舒天阁东北角。墓地面积约120平方米,墓圹四周一圈栏杆,墓前有一石雕呈展开的书页形,上面刻有"一九二四年秋友人学生暨家属葬先生于此"(注:刘希平1924年去世,1929年春寄厝在法华庵内的灵柩移葬于此)。墓碑仿南朝陵墓神道柱,石榜四面刻有北大教授高一涵撰写的《刘希平先生墓碑》。1932年,师友在墓旁建造"爱晚亭",亭柱有楹联:"细雨霏霏,朝露菲微衰草泣;晚霞点点,秋风摇落故人稀。"在山半腰还建有一座高大的牌坊(即今"江城入画"牌坊),牌坊刻有"刘希平先生之墓",背面书有"浩气长存"四字,牌坊与墓地之间建有百余级石阶作为墓道。

刘希平,1873年生,本名晫蘅,字兰香,安徽六安施家桥人。他1906年留学日本东京弘文学院和明治大学,获法学学士。1911年学成归国,创办了安徽江淮大学并任教育长兼教授,曾任山东公立政法专门学校教授(山东大学前身)、安徽省立五中校长,创办《安徽评议报》并任编辑,还创办了商业学校,工读学校,商人夜校,工人夜校,农民夜校,安徽二农、三农,南京新民中学等。刘希平是五四运动和新文化运动先驱,著名教育家和社会活动家,老同盟会会员。因积劳成疾,于1924年8月17日病逝于芜湖,终年52岁。因他一生清贫,乐于助人,所以去世时家贫如洗,灵柩只好寄厝在法华庵内。1925年春,刘希平追悼会召开,灵堂两旁悬挂着一副挽联:"矢志在新民,岂期白下归舟,尔琴音断流水;怆怀思往事,遥望赭山晴树,幸留浓荫庇群英。"高度概括了刘希平追求光明、坚持正义、诲人不倦的一生。刘希平是一位优秀的贫民教育学家、著名的爱国主义者。

刘希平先生墓现为市级重点文物保护单位。

参考文献:

1. 中共芜湖市委党史研究室.先驱的足迹[M].芜湖:安徽师范大学出版社,2014.

(文/图:蔡正丽、周叶君/王敬中)

4. 王稼祥纪念园

王稼祥纪念园,位于芜湖市镜湖区中山北路153号,坐落在风景秀丽的狮子山上,西临长江,东望赭山,建筑精巧细致、秀丽天成。

该园始建于1986年,王稼祥同志诞辰80周年之际,时任国家副主席王震亲临,为王稼祥半身铜像揭幕。2006年扩建,占地面积124万平方米,建筑面积3300平方米,由生平陈列馆、综合馆、藏馆等组成。纪念广场面积2000平方米,由铜像、浮雕墙组成。王稼祥生平陈列馆主要采用徽式建筑,设有六个展厅,分别介绍了王稼祥同志在中国革命各个历史时期的重大贡献和丰功伟绩。园内收集并陈列了王稼祥同志的珍贵遗物、重要信件文章、照片、生前藏书等可移动文物2300多件。

参考文献

1. 于富荣.红色印记:中国革命遗址全书[M].南昌:江西教育出版社,2017.

(文/图:蔡正丽/王敬中)

5. 三山烈士陵园

三山烈士陵园，位于芜湖市三山区芜青公路三山双龙口北侧，原属繁昌县，现为芜湖市三山区三山街道。

1949年4月，渡江战役发起后，在解放三山战斗中，人民解放军牺牲33人。临时战地医院收容队将烈士遗体全部就地掩埋在月桥纪屋基村前。1952年迁葬于三山的荆塘埂，立碑为二十九位渡江烈士之墓。后群众在月桥的石板自然村附近又发现四具烈士遗骨，遂一并迁葬于荆塘埂烈士墓内。但由于当时"二十九位渡江烈士之墓"的碑文已经刻好，所以沿用至今的烈士数字仍然是29位。

1976年初，三山公社为33位烈士重建烈士陵园，选址在现在的矶头山上。1976年12月，三山烈士陵园建成，占地1万平方米。从双龙口北侧经过两株苍劲挺拔的香樟树，过小拱桥登104级台阶，即为烈士墓广场。墓顶端为圆拱形，安葬着在渡江战役中牺牲的烈士忠骨。坟冢正中墓碑上刻着"二十九位渡江烈士之墓"几个大字。墓前广场矗立着纪念塔，塔身镌刻着"革命烈士永垂不朽"的朱漆大字，塔座石碑黑底金字刻有《重建烈士墓记》。纪念塔广场两侧各有一亭，系中式琉璃瓦仿古建筑，四周松林环绕。

三山烈士陵园于2007年5月被中共芜湖市委、市人民政府列为芜湖市爱国主义教育示范基地。

参考文献：

1. 中共安徽省委党史研究室.安徽省重要革命遗址通览：总第13卷　第1册[M].北京：中共党史出版社，2012.

（文/图：蔡正丽/骆云飞）

6. 六洲暴动旧址及胡竺冰故居

胡竺冰故居,又称"胡家瓦屋",是六洲暴动旧址,为著名爱国进步人士胡竺冰之祖遗老宅,位于芜湖市鸠江区白茆镇(原无为东乡白马区)六洲中学校园内。砖木混合的廊檐四合院建筑,白墙黛瓦的徽式风格,建筑占地面积约1500平方米,现存房屋50余间。

胡竺冰于1894年在白茆洲出生,早年前往安庆、上海等地学习和工作,曾加入多个爱国进步团体,并与鲁迅、成仿吾等爱国人士结识。抗日战争期间,胡竺冰回到无为,领导全县的抗日救亡运动,被誉为"党外布尔什维克"。受到胡竺冰的影响,胡门子弟亲属中有近30人投身革命,其中胡竺冰与其长子胡师伟、侄儿胡珀光等六人为民族解放事业献出了生命,被誉为"胡门六烈士"。

20世纪20年代,"胡家瓦屋"成为无为地区共产党活动的中心。无为县第一个农民协会、第一个农村党支部均在此诞生,著名的"六洲暴动"由此策源。1941年皖南事变发生后,"胡家瓦屋"成为新四军突围人员在江北的一个联络点和集结地。1949年渡江战役时,"胡家瓦屋"成为解放军的驻地和指挥所,胡家瓦屋因此被誉为"皖江人民的革命摇篮,共产党活动中心"。

六洲暴动旧址及胡竺冰故居,现为芜湖市爱国主义教育示范基地、市级文物保护单位。

参考文献:

1. 中共芜湖市委党史研究室.先驱的足迹:芜湖革命党员干部教育读本[M].芜湖:安徽师范大学出版社,2014.

(文/图:蔡正丽/周庆九、马克家)

7. 新四军三支队司令部旧址

　　新四军三支队司令部旧址，位于芜湖市繁昌区孙村镇中分村内，原为徐氏宗祠，山峦环抱，不远处有青龙山高耸挺立。总建筑面积约300平方米，是砖木结构的徽派建筑，屋内有天井，地面为青砖铺设。

　　1939年4月，新四军第三支队司令部由南陵沙滩脚迁至繁昌赤吉乡中分村驻地。司令部设于村南徐家淦家，时任新四军第三支队副司令员的谭震林在此指挥过多次战斗。

　　2006年，在旧址上建有新四军第三支队纪念园。园内的谭震林故居，陈列将军生平简介和将军早年革命活动照片40余幅。同时，纪念园还修复了新四军第三支队阵亡将士烈士墓。旧址现为安徽省爱国主义教育示范基地、省级文物保护单位。

参考文献：

1. 安徽省繁昌县地方志编纂委员会.繁昌县志[M].南京：南京大学出版社，1993.

（文/图：蔡正丽/周庆九、马克家）

8. 新四军七师司令部旧址

新四军七师司令部旧址位于芜湖市辖无为市红庙镇海云行政村涧边自然村（时称三水涧村）。

从新四军第七师1941年5月成立到1945年10月北撤，这里一直是该师军事指挥中心——司令部的常驻地。这是一座民国初年的木结构草顶覆瓦平房，有正屋一栋四间，厢房两间，建筑面积100多平方米，院落占地2400平方米。在经历80年风风雨雨之后，师政委曾希圣的住所及师部办公室、机要室、作战室等仍保存得较好。在房屋的左前方，曾希圣嫁接的棠梨树三株仍枝繁叶茂，生机勃勃。

新四军第七师于1941年5月1日在无为县白茆洲胡家瓦屋正式成立，主要以皖南事变中突围到江北的新四军部队为基础,汇合江北游击纵队二团、三支队挺进团等部队组成,战斗人员达2000人。七师成立后,师部即迁往三水涧村。抗战期间,七师先后与敌寇进行了1000多次战斗,攻克日伪据点200多个,杀伤俘敌1.4万人,开辟的皖江抗日根据地面积扩大到3.7万多平方千米,部队由2000人发展到3万多人。

新四军七师司令部旧址南侧600米处建有纪念馆。纪念馆始建于1995年,2012年在原址建新馆,2014年7月1日开馆。纪念馆占地面积2880平方米,设有八个展厅,现为省级重点文物保护单位。

参考文献:

1. 方兆本.安徽文史资料全书:巢湖卷 下[M].合肥:安徽人民出版社,2007.

(文/图:蔡正丽/周庆九、马克家)

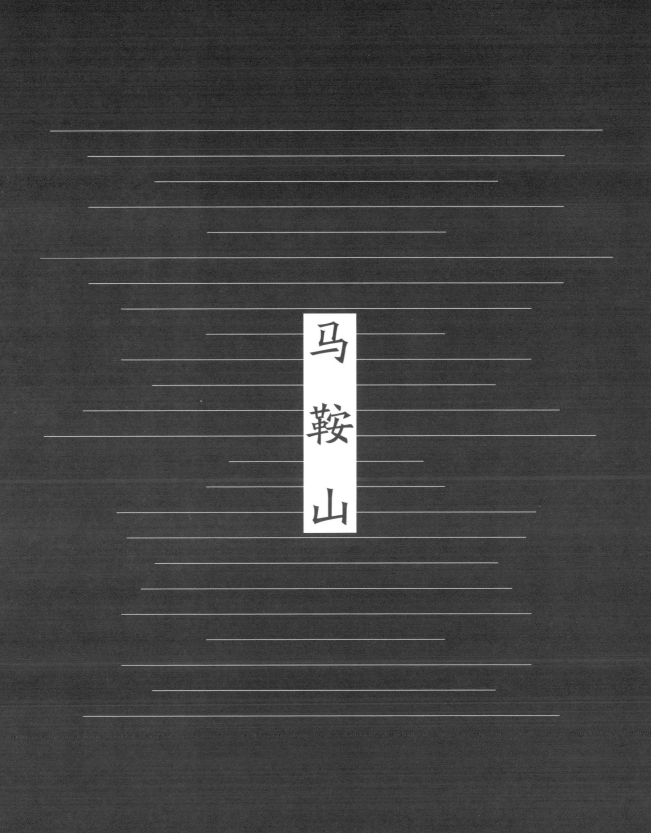

1. 和县革命烈士纪念馆

和县革命烈士纪念馆,位于和县白桥镇境内西梁山上,纪念馆建筑面积约1400平方米,按照历史时期分设五个展厅,展示了自大革命至改革开放以来和县籍与在和县牺牲的非和县籍烈士的事迹。纪念馆运用文字、图片、实物、雕塑、油画等多种形式以及声、光、电等现代科技手段,生动形象地再现了当年革命斗争场景。

西梁山与当涂县境内的东梁山隔江相望,合称为"天门山"。天门山如一座天设的门户,扼守江面,地势险要,是长江中下游在江北的至高点,历来为兵家必争之地,也因诗仙李白《望天门山》这首诗而声名远扬。

渡江战役前夕,西梁山是国民党反动派扼守长江的咽喉要道。国民党第八兵团六十六军十三师三个团的兵力驻守西梁山及其周围地区,海陆空联合作战,妄图阻止解放军横渡长江。人民解放军第三野战军第九兵团九十师,受命攻打西梁山阵地,经过三昼夜的激战,在给予敌人重创的同时,我军二七〇团团长、十六九团一营营长等一批指战员也付出了年轻的生命。

新中国成立后,为缅怀革命先烈的丰功伟绩,教育子孙后代,在西梁山上陆续建成人民英雄纪念碑和革命烈士纪念塔、纪念亭和烈士墓等。1985年,西梁山烈士陵园开始建设,2001年被列为安徽省爱国主义教育示范基地。

参考文献:

1. 中共安徽省委宣传部.爱我安徽:省级爱国主义教育基地巡礼[M].合肥:安徽科学技术出版社,2003.

(文/图:周叶君)

2. 刘一鸿烈士墓

刘一鸿烈士墓，位于马鞍山市郊杜塘乡坝头村东侧。刘一鸿原葬于溧水新桥，于1953年被迁至坝头。墓前立有一石碑，上刻"刘一鸿烈士墓"，两旁对联则引用了毛泽东的诗句"为有牺牲多壮志，敢教日月换新天"。墓地围墙为石砌围墙，墓两侧植有松柏，墓前辟一平台，台前为水泥台阶。墓地周围，树木苍翠，庄严肃穆。1985年，刘一鸿烈士墓被列为第一批市重点文物保护单位。

刘一鸿，1906年生，原名刘传儒，安徽马鞍山人，1926年考入安徽邮政总局任检信生，1934年调任当涂县采石邮政局局长。1931年"九一八"事变后，日本帝国主义步步入侵，国民政府实行不抵抗政策。刘一鸿异常愤怒，与弟弟一起写诗表明心迹："倭虏压境夜沉沉，东北关山隔暮云。三省大军几十万，为何撤出沈阳城？独夫民贼皆豚犬，祸国殃民媚于人。举国忠良皆拭泪，救亡济溺赖人民。"

1937年，抗日战争全面爆发，仅仅几个月，大片国土沦陷，当涂于12月间失守。爱国心切的刘一鸿毅然辞去公职，走上腥风血雨的抗日战场。他回到家乡，变卖了部分家产，购买枪支弹药，组织了一支七八十人的抗日自卫队，并被推选为队长。这支由农民组成的抗日队伍活跃在坝头、小丹阳、横溪桥、采石一带，割电线，扒铁路，袭击日军，打击土匪，保卫家乡，很快发展到100余人，成为苏皖两省毗连的江（宁）、当（涂）、溧（水）一带极得民心的一支抗日武装力量。

1939年初，刘一鸿率部投奔新四军，所部改编为苏皖边区抗日自卫大队，任大队长，后又改编为新四军二支队特务营，任营长。同年6月加入中国共产党。皖南事变后，刘一鸿任新四军六师十六旅四十六团参谋长、副团长。1943年初，刘一鸿率领所部多次击溃顽敌围攻并重创敌军。在连续战斗中，刘一鸿腿伤复发，经上级批准回家乡养伤。在休养的20多天里，他动员马鞍山矿区工人和家乡青年60多人参加新四军。伤愈后，刘一鸿立即赶回部队。1943年5月，四十六团在溧水新桥地区马家村休整。5月21日，刘一鸿在试炮过程中不幸被炸成重伤。弥留之际，他慢慢地从衣袋里取出一块银元，说："这是我交的最后一次党费。"刘一鸿终因失血过多，在转往旅部治疗的途中牺牲，年仅37岁。

在1937年至1943年的短短六年间，刘一鸿从一个国民党地方政府的邮政局局长，转变成为新四军团级指挥员、共产党员，为抗日事业英勇奋斗，直到献出宝贵生命。他追求真理、舍身为国的英雄事迹，必将永远铭记在人民心中。

参考文献：
1. 马鞍山市地方志编纂委员会.马鞍山志[M].合肥：黄山书社，1992.

（文/图：周叶君）

1. 中共皖浙赣省委驻地旧址

中共皖浙赣省委驻地旧址，坐落在休宁县汪村镇石屋坑村，原为农户张志周家，1924年建，占地约99平方米，为三层砖瓦楼房，建筑面积160平方米。1936年4月中共皖浙赣省委成立后，省委书记关英及组织部长刘毓标等省委领导人曾经在此居住和工作。

土地革命战争后期，以石屋坑村为中心，皖浙赣省委、皖南红军独立团开展了皖浙赣边三年的游击战争，在当地革命群众的大力支持和配合下，给予国民党反动派以沉重的打击。在附近的葛藤坞、野猪塘、螺丝宕、平鼻岭等密林中，至今还存留当年农民团和赤卫队建立的秘密棚、红军医院和红军开挖的战壕。与旧址相隔50米处的红军屋，是当年红军开会、休息和训练的地方。

中共皖浙赣省委驻地旧址是我省保存较好的红军时期的革命旧址，对开展爱国主义和革命传统教育具有重要意义。

中共皖浙赣省委驻地旧址于1998年5月被安徽省人民政府列为安徽省重点文物保护单位，1995年8月被中共休宁县委、县人民政府列为休宁县爱国主义教育示范基地，2007年10月被中共黄山市委、市人民政府列为黄山市爱国主义教育示范基地。

参考文献：

1. 中共安徽省委党史研究室.安徽省重要革命遗址通览：总第13卷第1册[M].北京：中共党史出版社，2012.

2. 中共安徽省委党史研究室.中共皖浙赣省委驻地旧址[EB/OL].(2021-09-13)[2022-09-01].https://www.ah.gov.cn/zwyw/ztzl/fdbn-lqhxzc/hsah/554039861.html

（文/图：丁贞权/周叶君、胡金富）

2. 拱北桥

　　拱北桥位于休宁县蓝田镇，是一座五墩四孔古廊桥，立有清代重修石碑一块，是研究休宁乃至徽州地区桥梁历史的重要史料。2012年，拱北桥被列为省文物保护单位。

　　拱北桥又名岭下桥，初建于宋代，于明万历年间和清乾隆年间重建，长70.7米，宽5米，高7.6米，桥上建有遮风避雨的木长廊，廊屋内设有长条凳，供行人休息。桥面选用当地优质木材铺就，外墙用青石砖砌成，屋顶用青瓦覆盖。

　　1934年冬，方志敏率红军北上抗日先遣队路过当地，为不打扰百姓，全体战士遵守纪律，没有进村，而是在桥上留宿一晚，所以拱北桥又是一座"红桥"。廊桥经过几百年的风吹雨打，曾多次维修，保存完好。

参考文献：

1. 姚大盛,黎小强,许晟,等.重走红军路　走进休宁蓝田：夜宿拱北桥[EB/OL](2021-05-20)[2022-09-01].https://www.xiuning.gov.cn/xwzx/mtxw/8984977.html.

（文/图：丁贞权/周叶君、胡金富）

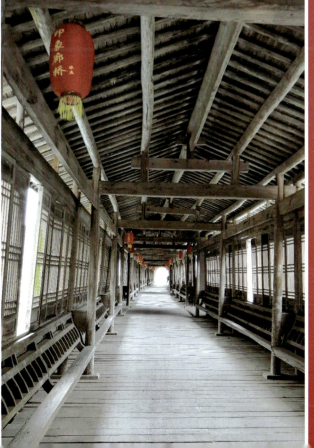

3. 程家柽墓

程家柽墓位于休宁县东临溪镇林竹村踏林坞。该墓为小型土堆墓,占地面积8平方米。背靠山岗,面临水田,墓向东南。1982年,由休宁县人民政府拨款维修,并立有石碑,为休宁县重点文物保护单位。2012年,程家柽墓被列为第七批省级文物保护单位。

程家柽,1874年生,安徽黄山休宁县人,旧民主主义革命的先驱、中国同盟会的创建者之一。1899年程家柽考入东京帝国大学农科;1903年参加拒俄义勇队;1905年与宋教仁等创办了刊物《二十世纪之支那》,任编辑长;同年参与筹建中国同盟会,被推举为外务科科长;1906年被延聘为京师大学堂农科教授;1909年出任清陆军部

陆军中小学教科书编辑;1911年创办《国风日报》;武昌起义后参与谋划攻取北京,未果;1912年1月参与谋炸袁世凯,事败避往南京,后任安徽军政府高等顾问;1913年在北京策动"二次革命";1914年拟行刺袁世凯,事泄被捕遇难。

参考文献:

1. 程声通.汉川往事越千年[M].合肥:合肥工业大学出版社,2018.

（文/图:丁贞权/周叶君、胡金富）

4. 皖南苏维埃政府旧址——柯氏宗祠

皖南苏维埃政府旧址位于黟县柯村乡柯氏宗祠。旧址保存完好,属于清代祠堂建筑风格,建筑面积近400平方米,前后三进,大门前有广场约160平方米,整个旧址现已辟为纪念展馆,展示红军烈士遗物、红军使用过的枪械、弹药、办公用品、生活用品等革命历史文物200多件。前厅、中厅四周展板介绍了中共太平中心县委领导农民举行"柯村暴动"、创建皖南苏区的斗争过程,以及方志敏率领的红军北上抗日先遣队抵达柯村休整,并向群众发表革命形势演讲的情景。中厅堂上挂有"柯村暴动"形势图和太平中心县委组织机构、皖南苏维埃政府组织机构简介图,后厅大堂悬挂方志敏烈士巨幅画像。

旧址对面300米处有当年方志敏居住过并召集皖南苏区负责人开会的民居,民居正立面尚有当年红军留下的革命宣传口号:"当红军最光荣"五个大字。

皖南苏维埃政府旧址现为省重点文物保护单位、黄山市青少年学生爱国主义教育示范基地和国防教育基地,2007年列为安徽省爱国主义教育示范基地。

参考文献:

1. 陈琪.徽州古道研究[M].芜湖:安徽师范大学出版社,2016.

(文/图:丁贞权/周叶君、胡金富)

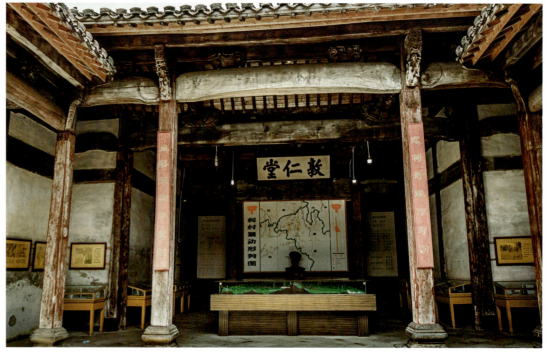

黄山

5. 旋溪塔

　　旋溪塔位于黟县柯村乡旋溪村,始建于乾隆元年(1736年),咸丰元年(1851年)重修,为黄山市级文物保护文物。该塔是一座砖、木、石结合,以砖为主体的古代建筑。塔身高约23.33米,平面呈六角形,共分五层,下大上小,飞檐翘角。塔顶为钻尖形,尖端配以彩瓷葫芦顶,显得更加宏伟挺拔,古朴精美。塔基用石块砌成,塔围约20米。塔身底层朝路一面有一圆形拱门,门上方有"溪山钟秀"四个大字。塔身内部为空心式,沿内外墙有夹壁甬道,砌砖阶梯,共48级,螺旋向上,游人随阶梯旋转攀登,可达顶层,塔内每层均有佛龛,上供有雕塑或彩绘的佛像,三面开有圆拱形窗口。

　　1934年八九月间,红军皖南游击大队在这里袭击了国民党壮丁队,活捉叛徒、壮丁队队长孙志高,并将其就地正法。在塔上,当年用叛徒孙志高的血写的警告,至今还依稀可辨。如今大佛庵已荡然无存,而古朴、苍劲的旋溪塔仍巍然挺立。

参考文献:
1. 中共安徽省委党史研究室.安徽省重要革命遗址通览:总第13卷　第1册[M].北京:中共党史出版社,2012.

(文/图:丁贞权/朱文鑫)

黄山

6. 舍会山皖赣特委活动旧址

皖赣特委活动旧址位于黄山市祁门县祁红乡永胜村舍会山组15号,座北朝南,二层木楼,一厅四厢房,是土地革命战争时期中共皖赣特委活动中心、著名的"舍会山谈判"所在地。舍会山现为县、市爱国主义教育示范基地,市级重点文物保护单位。

1937年10月底,中共皖赣特委指派江天辉为红军代表,同国民党闽赣皖"绥靖"公署主任代表、驻瑶里别动大队队长张甫成在祁门舍会山会晤后,双方在此地进行谈判,达成了停止内战、共同抗日的协议。至此,以休宁石屋坑为活动中心的皖浙赣红军三年游击战争宣告结束。12月初,陈毅专程从南昌来到舍会山,传达中共中央关于国共合作、一致抗日的指示精神,并做《目前形势与任务》的报告。陈毅离开后,皖赣特委立即派人联络各地游击队,不久350多名指战员先后集中至舍会山地区学习,后开赴瑶里整编为"江西抗日义勇队第二支队"。

参考文献:

1.《安徽大辞典》编纂委员会.安徽大辞典[M].上海:上海辞书出版社,1992.

(文/图:丁贞权/金启龙)

7.《黄山报》旧址

《黄山报》旧址位于黄山市黄山区新明乡樵山村荷花坑组,该旧址为20世纪30年代建造的汪氏族屋,为典型的清代徽派建筑,砖木结构,一进三开间,长10米,宽10米,檐高4.6米,旧址建筑面积约150平方米。

樵山,见证了中共皖南地委、新四军皖南游击队从建立到发展壮大的光辉历程,以及在皖南数年游击斗争和配合人民解放军渡江,解放皖南的战争中作出的卓越贡献。1946年秋,苏、浙、皖

边区游击司令部曾在樵山村召开会议。1947年9月,当时苏浙皖根据地唯一的一份党报《黄山报》诞生于此。《黄山报》共出版90多期,对苏浙皖赣边区的革命斗争起了重要的宣传和指导作用。

参考文献:

1. 张佳佳. 徽州传统聚落景观品质提升研究[D]. 合肥:安徽建筑大学,2016.

(文/图:胡金富/许畅畅)

8. 崇一学堂旧址

崇一学堂为英籍耶稣教会牧师唐进贤在清光绪三十一年（1905年）创办的教会学校，位于徽州古城中和街。学堂构造分上下两层，为徽派砖木结构式民房，外观粉墙黛瓦，马头墙错落有致，屋内椽梁穿梭，粗厚的冬瓜梁横亘其中。整个学堂占地面积50多平方米，建筑面积达100平方米以上，由天井、厅堂、照壁、门厅组成。旧址现为黄山市重点文物保护单位。

著名的教育家陶行知先生年少时曾就读于崇一学堂。1981年安徽省陶行知教育思想研究会将崇一学堂作为陶行知纪念馆的选址，1983年底动工，1984年6月竣工。纪念馆保留了原崇一学堂一幢颇具徽州地方特色的民房，新建的展览厅等均按徽州传统风格设计建造。纪念馆分四个展厅，陈列展品1500件。

参考文献：

1. 徐和阳.晚清民国徽州新式学堂研究[D].芜湖：安徽师范大学，2014.

（文/图：胡金富/周叶君）

9. 谭家桥战斗旧址

谭家桥战斗遗址位于黄山市黄山区谭家桥石门岗。

1943年12月,方志敏领导的中国工农红军北上抗日先遣队转战皖南,声威大振。蒋介石调集约11个团的兵力进行"追剿",企图将红军围歼于皖南地区。14日凌晨,先遣队与追击而来的国民党补充第一旅王耀武部、浙江省保安团一个加强营在黄山东麓乌泥关和谭家桥一带相遇,展开激战。因指挥失当,先遣队与敌血战8个多小时,后因伤亡过大,被迫撤出战斗。红军死伤300余人,红十九师师长寻淮洲身负重伤,在转移途中牺牲。谭家桥战斗失利使红军北上抗日选遣队在皖南的处境更加恶化。1935年1月,方志敏率部退回赣东北,不幸在怀玉山被围,几乎全军覆没。方志敏被捕,后在南昌就义。

新中国成立后,曾担任红军北上抗日先遣队参谋长的粟裕先后三次来到谭家桥,以纪念曾与他共同战斗而牺牲的战友,生前曾留遗嘱将其部份骨灰安放于谭家桥。1984年2月5日,粟裕因病在北京逝世。遵照粟裕的遗嘱,同年4月28日,其次子粟寒生带着骨灰来到谭家桥,在谭家桥白亭建立粟裕将军墓。石门岗现仍存红军当年战斗的战壕和方志敏司令员、粟裕将军的指挥台等遗址。

参考文献:

1.《图说长征》课题组.图说长征[M].北京:中共党史出版社,2019.

(文/图:胡金富、周叶君)

10. 小练革命烈士墓

小练革命烈士墓位于黄山市徽州区岩寺镇石岗村小练自然村，为黄山市文物保护单位、黄山市爱国主义教育示范基地、黄山市红色旅游经典景区。

1930年春，共产党员刘伯林从潜山辗转来到歙县，以卖雪花膏为掩护，秘密发展党员，建立党的组织，开展革命活动。1930年8月歙县第一个党支部——中共小练支部建立了。在党的领导下，小练一带革命斗争迅速展开。1931年7月，中共歙县临时县委在小练成立，书记由刘伯林担任。1932年10月初，徽州工委根据中央指示和中共赣东北省委决定，将机关驻地迁至小练村。是年冬，赣东北省委派宁春发来小练改组徽州工委为中共皖南特委，宁春发任书记。至此，小练已成为中共领导皖赣边14个县革命斗争的活动中心。

小练一带不断高涨的革命形势，引起了国民党驻屯溪的安徽省第十区保安司令部的恐慌。

1933年6月1日深夜，皖南特委书记宁春发召集刘伯林等30余人在小练村召开军事会议。不料，消息泄露，敌人分两路进入小练村，砸门捣户，搜捕地下党员和革命群众。被惊醒的人们立即拿起枪、长矛、大刀、棍棒等与全副武装的敌人展开血战。因寡不敌众，除特委书记宁春发携部分重要文件突出重围，22人被当场杀害，刘伯

林、童永良等20多人被捕，押送屯溪，在屯溪汽车站，25名革命群众被集体枪杀。7月19日，刘伯林等5名共产党员在屯溪被枪杀。在这场惨案中，被反动当局杀害的，有名有姓的共产党人和革命群众共有47人，中共皖南特委遭到严重破坏。

小练革命烈士墓占地面积300平方米，由神道、广场、纪念碑和墓室等组成。1958年6月和1987年10月，歙县人民政府先后两次在小练为牺牲的烈士修建了纪念墓碑。1988年11月徽州区成立后，浇筑了通往小练革命烈士墓的水泥路。

参考文献：

1. 中共安徽省委党史研究室.安徽省重要革命遗址通览：总第13卷 第1册[M].北京：中共党史出版社，2012.

（文/图：周叶君、胡金富/陈卓）

黄山

11. 岩寺新四军军部旧址

岩寺新四军军部旧址位于黄山市徽州区岩寺后街荫山巷7号,由三栋砖木结构楼房和多处平房构成,占地约3000平方米,建筑面积近2000平方米,是全国国防教育示范基地、全国红色旅游经典景区、安徽省爱国主义教育示范基地、安徽省廉政教育基地、安徽省党员干部党史教育基地、安徽省研学旅行实践基地、安徽省马克思主义教育教学基地。旧址纪念馆内建有展陈厅，馆外为军部广场，塑有新四军领导人叶挺、项英、张云逸、袁国平、周子昆、邓子恢的群雕像。

1937年卢沟桥事变后，国共建立第二次合作，双方达成协议，将在南方八省的红军游击队改编成新四军，并于1937年12月25日在湖北汉口组建了新四军军部。1938年4月5日—5月5日，南方八省红军游击队在岩寺集中整编为新四军，军部设在金家大院。岩寺新四军军部因此成为新四军五处重要旧址之一。经过组编训练，1938年4月26日，新四军召开抗日誓师大会，4月28日先遣部队从潜口出发，揭开了新四军东进抗日的序幕。5月1日后，部队分批奔赴抗日前线，军部于5月5日离开岩寺移驻太平麻村。

1999年，当地对旧址进行了维修，恢复了原貌，开辟了展示厅，征集、整理了有关新四军的史料图片和实物，制作了反映新四军岩寺集中情况的演示沙盘。2020年9月1日，岩寺新四军军部旧址纪念馆入选第三批国家级抗战纪念设施、遗址名录。

参考文献：

1. 中共安徽省委党史研究室.安徽省重要革命遗址通览：总第13卷 第1册[M].北京：中共党史出版社，2012.

（文/图：胡金富/谢建、程新叶）

黄山

12. 叶挺囚禁处

叶挺囚禁处位于歙县徽城镇中山巷3号。1941年1月皖南事变发生,新四军军长叶挺被俘后被押至歙县,关押在商人程灼如宅,后转送上饶。程宅现为歙县的文物保护单位,里面还居住着程家的后人,属于私人宅院。宅院建于民国时期,属典型的徽派风格建筑。

参考文献:

1. 中共安徽省委党史研究室.安徽省重要革命遗址通览:总第13卷 第1册[M].北京:中共党史出版社,2012.

(文/图:胡金富/周叶君)

13. 中共皖南特委机关旧址

中共皖南特委机关旧址,坐落于安徽省黄山市屯溪区屯溪老街69号,是清朝后期兴建的一幢砖木结构的二层临街楼房,占地面积177.87平方米。中共皖南特委是土地革命战争时期由中共闽浙赣省委及方志敏领导建立的皖南及皖浙赣边区党组织最高领导机构。1933年冬,为配合闽浙赣苏区斗争,粉碎国民党第五次"围剿",巩固和扩大革命根据地,方志敏派员来屯溪,在旧址处、原"合记春号"中药店重建中共皖南特委,先后组织发动了5次有影响的农民暴动,建立了皖南苏维埃区域。

旧址处现设立革命历史陈列馆,以丰富的历史文献资料、实物展品、多媒体等多种形式,全面系统地反映了皖南特委的光辉战斗历程。

旧址现为安徽省文物保护单位、安徽省爱国主义教育示范基地。

参考文献:

1. 方春生.方志敏与皖南革命斗争[J].淮北师范大学学报(哲学社会科学版),2011,32(1):103-107.

(文/图:胡金富/曹苑)

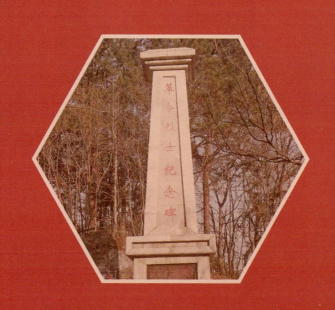

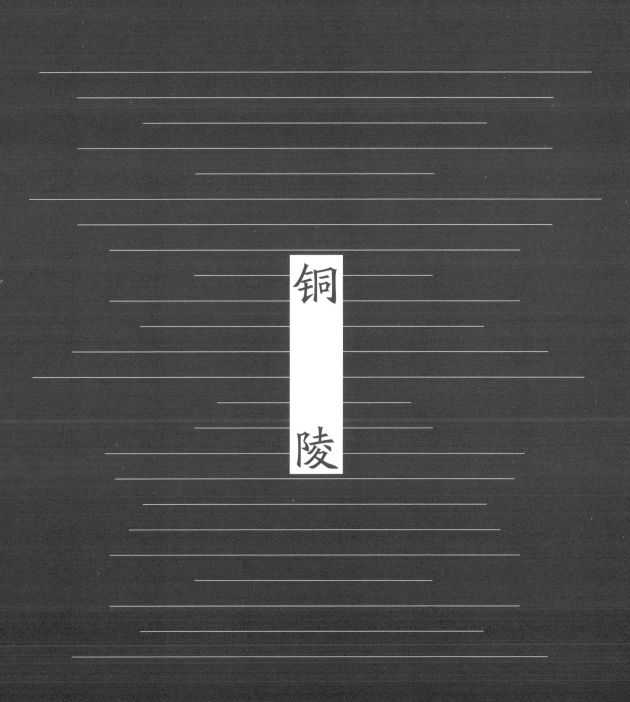

1. 笠帽山烈士塔

笠帽山烈士塔位于铜陵市义安区笠帽山顶。铜陵是革命老区，仅抗日战争、解放战争时期在此英勇牺牲的烈士就有800多人。笠帽山是渡江战役的遗址，山上还有当年留下的战壕。为缅怀革命先烈的丰功伟绩，中共铜陵县委县人民政府于1958年在笠帽山顶建成烈士纪念塔。该塔为钢筋水泥质地，占地900平方米，建筑面积400平方米，塔高30米。塔的中层有一休息平台，登上平台可览长江风光和铜陵全城貌。塔系正方形的三层实心塔，东、南、西、北四面分别刻有安徽省政协原主席、书法家张恺帆所书的"光明日月""气壮山河""永垂不朽""万古长青"16个大字，庄严肃穆、雄伟壮观。四周花草繁茂，松柏挺立。

参考文献：

1. 刘其鹿.铜都览胜[M].合肥：安徽人民出版社，2008.

（文/图：丁贞权）

2. 铜陵县抗日民主政府旧址

铜陵县抗日民主政府旧址位于铜陵市义安区钟鸣镇泉栏村舒家店自然村。舒家店在明清时期以舒姓集居为主,曾有商贾、酒肆数家,形成了舒家店古街风貌。

1944年12月,中共皖南地委、皖南支队、皖南军分区领导机关从无为县白茆洲迁到铜陵县舒家店等地,领导皖南的抗日斗争,铜陵成为皖南抗日根据地的中心地区。

1945年1月,根据皖南专署的指示,撤销铜青南行政办事处,成立铜陵县抗日民主政府,这是皖南地区建立起来的第一个县级人民民主政权。县政府内设民政、司法、财粮、教育、公安等科,下辖7个区政府和30多个乡政府,人口约17万人。

铜陵县抗日民主政府旧址内设展览馆,展出170余幅历史图片及实物。现为铜陵市爱国主义教育示范基地。

参考文献:

1. 中国人民解放军历史资料丛书编纂委员会.新四军回忆史料[M].北京:解放军出版社,1990.

(文/图:丁贞权)

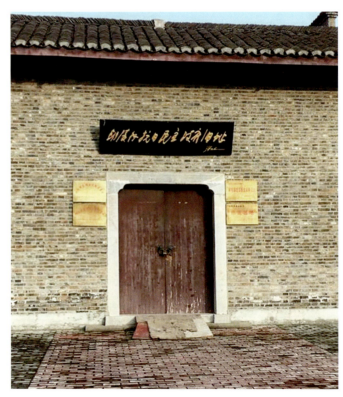

3. 铜陵县第一次党代会旧址

铜陵县第一次党代会旧址位于铜陵市义安区新桥镇新屋岭自然村。

1938年4月,新四军进驻皖南。8月,新四军政治部派张伟烈来到铜陵开展建党工作,使土地革命战争时期遭到破坏的铜陵党组织得以恢复和发展,并得到进一步发展壮大。1939年7月,中共铜陵县委第一次党员代表大会在新屋岭周家小学召开,出席会议的代表约50人,代表全县4个区委、13个中心支部、275个支部、895名党员。会议正式选举产生了中共铜陵县委员会,选举张伟烈、等6人为县委委员,张伟烈任县委书记。

该旧址现仅存门楼一座,2004年11月,有关部门进行了抢救性加固维修,并整治了周边环境。现为县级重点文物保护单位。

参考文献:

1.《安徽百科全书》编辑委员会.安徽百科全书[M].南京:南京大学出版社,1994.

(文/图:王勇/周庆九、马克家)

4. 刘四姐烈士墓

刘四姐烈士墓修建于1980年，位于铜陵市义安区顺安镇城山村马山自然村，占地面积40平方米。

1912年5月，刘四姐出生于安徽省无为县一个极其贫困的农民家庭。年仅三岁时，父母就相继离开了人世，兄妹四人相依为命，吃讨为生，过着非常艰难的生活。少年时代的她在铜陵顺安城山铺落户，1942年参加新四军游击队。1947年秋，刘四姐跟随部队作战，负责游击队后勤、伙食工作，并兼任交通员，传递信件和情报。同年8月，她在高桥战役中为游击队带路。12月31日，在青阳茗山冲天门山反"清剿"战斗中牺牲。

刘四姐是铜陵抗日战争和解放战争中女英雄的杰出代表，是优秀的新四军战士、勇敢的游击队员。红色电影《渡江侦察记》中的女主人公皖南新四军游击队队长刘四姐，就是以铜陵新四军游击队女战士刘四姐为原型的。

刘四姐烈士墓现为市级爱国主义教育示范基地和市级文物保护单位。

参考文献：

1. 丁盛安.安庆记忆[M].合肥：合肥工业大学出版社,2010.

（文/图：王勇）

5. 铜陵新四军抗战史迹陈列馆

铜陵新四军抗战史迹陈列馆位于铜陵市铜官区西湖镇朝山村村部,于2009年9月29日建成开馆,现为铜陵市爱国主义教育示范基地。

1938年12月到1945年9月,活动在铜陵地区的新四军第一支队、第三支队和七师皖南支队的广大指战员为保卫铜陵人民的生命财产,不惜流血牺牲,先后同日伪军进行了数百次的殊死战斗,击毙日伪军几百人,给敌人以重创,从根本上扭转了铜陵抗日斗争局势,逐步使铜陵由敌占区转变为抗日民主根据地,建立和巩固了抗日政权。抗日战争时期,新四军军长叶挺、副军长项英,参谋长张云逸,政治部主任袁国平、副主任邓子恢等先后到铜陵地区指导对日斗争,新四军有近百名战士在铜陵壮烈牺牲,为抗日斗争立下了不可磨灭的功勋。

为铭记新四军在铜陵抗战的丰功伟绩,激励后人发扬革命传统、建设美好家园,陈列馆对新四军在铜陵的抗战史迹进行了全景呈现。陈列馆由主馆区和馆前广场两部分组成。陈列馆整体呈长方形,大理石砌成,馆前有一碑,刻有"铜陵新四军抗战史迹陈列馆"字样。陈列馆内展厅面积220平方米,展览分为三部分,即"新四军挺进铜陵抗日""皖南抗日的坚强堡垒""缅怀先烈"。馆内放置有抗日战争时期铜陵地形沙盘,展出图表、照片、宣传画100多幅,以及新四军肩章、军装、武器弹药、学习宣传读本、《大江报》等实物(复制件)50多件,全面展现了抗日战争、解放战争时期新四军及解放军在铜陵英勇斗争的光辉历史。

参考文献:

1. 安徽省委党史研究院(省地方志研究院).铜陵新四军抗战史迹陈列馆开馆[EB/OL].(2009-10-15)[2022-09-01]. http://anhuids.gov.cn/Home/Content/12377?ClassId=6607.

(文/图:王勇/周庆九、马克家)

6. 范家湾烈士墓

范家湾烈士墓位于铜陵市铜官区顺安镇长龙村毛家湾东侧,初建于1980年。

1943年7月16日,新四军七师铜陵大队大队长巫希权、副大队长叶为祜和铜青南县委书记张伟烈率铜陵大队一部80多人在梁家垄宿营。因消息走漏,次日拂晓,日伪军100多人分三路包抄梁家垄。新四军指战员奋起还击,随后向顺安河边的范家湾突围。到达范家湾后,因敌我力量悬殊和弹药损耗过大,巫希权决定由他和叶为祜带领部分队员阻击敌人,掩护主力部队突围过河。完成阻击任务后,眼看敌人一步步逼近,巫希权等28位干部战士毅然涉水过河强渡,不料正值山洪爆发,水流湍急,28人终因精疲力尽,在顺安河中全部壮烈牺牲。

天亮后,敌人刚刚撤退,乡亲们就冒着生命危险,把烈士的遗体一一打捞上岸,并抬到长龙村毛家湾东侧的山坳里埋葬。1980年,铜陵县政府拨出专款在长龙村毛家湾东侧山岗上建造了范家湾烈士墓,墓碑面朝战士们牺牲的河流。2006年,范家湾烈士墓得到重修,墓地1000平方米,墓冢高1.8米、宽4米,墓前混凝土平台500平方米,青石墓碑高2米、宽1米,正面碑文由横额、正文及落款三部分组成。横额为"永垂不朽"四个大字,正文分两行竖写,自右至左为"范家湾战斗/二十八烈士之墓",背面碑文略述了范家湾战斗经过和部分烈士名单。墓的两侧及墓后立了28根石柱,墓地四周栽了28棵翠柏。

参考文献:

1. 铜陵县地方志编纂委员会.铜陵县志[M].合肥:黄山书社,1993.

(文/图:王勇/周庆九、马克家)

7. 桐东区抗日民主政府旧址

桐东区抗日民主政府旧址位于铜陵市枞阳县陈瑶湖镇水圩村谢家祠堂。该祠堂始建于1432年孟春，后于1721年重建，1723年完工。2007年，枞阳县有关部门批准对其进行了修缮。2021年7月，桐东抗日民主政府旧址被列为省级文物保护单位、县级爱国主义教育示范基地。

桐东区抗日民主政府旧址面积达1500平方米，前后三进，由前厅、中进、后堂、钟楼、鼓楼、宝树堂等部分组成，布局合理，规模宏大，建筑上的雕刻极其精美。

1940年7月初，新四军第三支队挺进团在谢氏宗祠组建。10月，桐东（旧桐城东乡）青山、水圩、四虾、周潭、施湾、源潭、老湾、六洲的八乡参议会在谢氏宗祠召开，成立桐东乡联合办事处，建立"三三制"民主政权，并于当年底改为桐东区抗日民主政府，区政府驻谢家祠堂，这标志着以三官山为中心的桐东抗日游击根据地正式形成。日伪军大举"扫荡"陈瑶湖一带，桐东抗日根据地一度失守，民主政权遭到破坏。1942年5月，县委召开扩大会议，恢复民主政权。桐东区抗日民主政府积极宣传抗日政策，广泛动员群众抗日，发展抗日武装，以各种方式支持新四军抗战，作出了卓越贡献。桐东区抗日民主政府旧址是当地保存较为完好的优秀建筑之一，是开展爱国主义、革命传统教育的重要基地，也是当地徽派古建筑精品代表。

参考文献：

1. 枞阳县地方志编纂委员会.枞阳县志：1978~2002年[M].合肥：黄山书社，2007.

（文/图：王勇/吴珍）

8. 鲁生烈士墓

鲁生烈士墓位于铜陵市郊区陈瑶湖镇郊，原为土冢，无墓碑，坐西朝东。1984年，当地政府对该墓进行了维修，维修后的墓冢、墓圹、拜台均由块石、水泥砌筑。墓地长8.1米、宽5.1米，冢呈六边形，高出地面0.5米，边长1.1米。圹中嵌青石质碑刻1通，高1.5米、宽0.78米、厚0.19米，上端自左向右阳刻："永垂不朽"，正中竖书阳刻："鲁生烈士墓"。鲁生烈士墓现为市级文物保护单位。

鲁生，湖北黄梅人，原名蒋永孚，1916年生，1937年参加革命，1938年加入中国共产党。1940年10月，中共桐怀潜中心县委改为桐庐无县委，鲁生任书记。12月，任新四军挺进团独立大队大队长。皖南事变后，鲁生接到赴皖西开辟工作的调令，但为了接应从皖南事变中突围过来的新四军，暂时留了下来。1941年2月，日军重兵"扫荡"桐东抗日游击根据地，鲁生在指挥反"扫荡"中不幸遭日军杀害，牺牲时年仅26岁。

参考文献：

1. 枞阳县地方志编纂委员会.枞阳县志：1978~2002年[M].合肥：黄山书社，2007.

（文/图：王勇/吴珍）

9. 渡江战役中线指挥部旧址（陈氏宗祠）

渡江战役中线指挥部旧址位于铜陵市枞阳县城关镇正大街36号的陈氏宗祠内。1961年被列为省级重点文物保护单位。1978年,枞阳县文物管理所在保存原貌的前提下对宗祠进行了修葺。

渡江战役中线指挥部旧址实际为第二野战军第三兵团渡江指挥部旧址。1949年3月到4月初二野三兵团各部按照渡江战役总前委的既定部署,陆续到达桐庐县(今枞阳县)沿江一带。三兵团司令员陈锡联、政委谢富治将司令部迁到枞阳,渡江指挥部就设在陈氏宗祠内。4月20日,渡江部队分别进入枞阳镇—铁极洲,桂家坝—长沙洲,汤家沟—王家套,北埂—姚沟4个起渡点。4月21日下午5时许,随着万炮轰鸣,渡江大军千帆竞发,强渡长江天险;6点,胜利抵达长江南岸。

渡江战役中线指挥部旧址陈氏祠堂系清代建筑,前中后三进,占地面积531.2平方米,建筑面积494.5平方米。总体系砖木结构,拱梁立柱穿斗,墙壁齐檐封火,屋面覆盖古瓦,翘檐飞角。门楼呈八字形,门框为方柱石,门上方刻双狮抢球。前进为三开间,中间为大厅,两侧为板壁厢房。两进之间,有长方形天井。中进宽阔,大厅现陈列渡江战役文物展品共64件,其中有渡江时使用的武器、文献资料、船工用具、参战证、奖状、奖旗、渡江胜利纪念章等。厅堂竖立8根主柱,石礩高垫;上梁雕刻人物、花卉、龙虎等;天花板饰有彩色花纹。转过石墙屏风为第三进,有方形天井,两厕为东西厢房,明窗画栋,设历史文物展览室,收藏有历代珍品及出土文物283件。三进相连,外连内分,布局匀称,具有明清时代的建筑风格。

参考文献：

1.《枞阳县文物志》编委会.枞阳文物志[M].北京：中国文史出版社,2003.

(文/图：吴珍/吴昶)

10. 浮山中学"中大楼"

浮山中学"中大楼"位于铜陵市枞阳县浮山镇浮山中学校园内,2012年被列为省级文物保护单位。

浮山中学坐落在国家地质公园的浮山南麓。1924年,爱国民主进步人士房秩五等秉承"兴学乡里,启迪民智"理念,筹资兴建浮山图书馆附属小学(浮山中学前身)。在建校办校之时,房秩五以其特殊的地位和声望,不顾一切地支持、掩护中共地下党的革命活动,教育浮山中学师生"笃信共产主义"、参加武装暴动、投身抗日救亡,使浮山中学成为党的联络站、交通站和进步知识分子聚集的地方,在安徽革命史上留下了光辉的一页。1968年,周恩来接见曾经在浮山中学读书、时任二十集团军第二十七军副军长朱铁谷时说:"浮山中学不同于一般学校,它是当时那个地区(指今枞阳、桐城、庐江、舒城一带)革命活动的中心。"

该校"中大楼"是浮山中学的标志性建筑,建成于1927年,罗马式建筑风格,上下两层,面积约800平方米。小青瓦屋面,青砖墙体,为"洋灰"水磨石地坪。东西楼梯外侧为旧时教室,楼上中堂为旧时图书馆,楼下中堂为旧时教务处,现已改作他用。该楼于1941年曾遭日机轰炸,东西两角可见修补痕迹。

参考文献:

1.《枞阳县文物志》编委会.枞阳文物志[M].北京:中国文史出版社,2003.

(文/图:吴珍/吴昶)

1. 凌霄烈士墓

凌霄烈士墓，位于池州城西池州革命烈士陵园内。烈士墓依山傍水，坐东北朝西南。墓占地面积500余平方米，由墓冢、祭坛、拜台三个部分组成。墓冢用小块梯形花岗岩石垒就，呈九级金字塔状，石质墓碑立于顶部，碑高2.2米、宽1.03米、厚0.04米，正面镌刻"凌霄烈士之墓"隶书，背面是墓志铭。西南面依次建有拜台三级，延伸至山脚，与烈士塔相距200余米，四周松青柏绿，肃穆庄重。1988年11月被列为县级文物保护单位。

凌霄，1905年生，贵池里山凌村人，出身于农民家庭。1920年（民国九年）毕业，以半工半读考入芜湖私立职业学校。1924年加入中国共产党。1925年考入广州黄埔军校第四期步科学习。1926年毕业后，初任广州工商缉私队队长，继而在广州海员工会从事工人运动。随后参加北伐，屡建战功，先后任连长、营长、团副等职。蒋介石叛变革命后，凌霄根据党的指示回到广州，打入当时的海关税警队从事秘密活动，后因身份暴露，于1928年2月回到故乡贵池。

凌霄回贵池后，以县立中学作为活动基地，开展建党工作。当年冬天，创建中共贵池特支，任书记兼组织委员，成为贵池党组织的创始人。在特支的周密组织和领导下，贵池的学生、士兵、农民和工人运动蓬勃发展，特别是馒头山煤矿工人先后爆发两次大罢工，迫使资方同意增加工人工资，震动很大。自1928年秋起，国民党贵池清党委员会正式通缉凌霄，并扬言：只要捉到凌霄，"一两骨头一两金"。

1930年初，凌霄任中共贵池县委书记兼武装部长。2月，参加潜山请水寨起义，任中国工农红军潜山独立师副师长兼参谋长。请水寨起义失败后，凌霄转移到皖南，继续从事革命活动。领导成立中共铜陵特支，参与组建中共徽州工委和秋浦县委，把革命火种撒遍皖西南大地。

1934年秋，由于叛徒出卖，凌霄在泾县不幸被捕，并被解送至贵池县。在狱中，凌霄铁骨丹心，坚贞不屈，留下"大丈夫不在枪下死，就在刀下亡"的誓言，于1935年1月16日凌晨慷慨就义。

参考文献

1. 操龙灿，李兵.安徽党史始话[M].合肥：安徽文艺出版社，2018.

（文/图：周庆九/周叶君）

2. 新四军七师沿江团团部旧址

新四军七师沿江团团部旧址位于九华天池风景区内一个古老的小山村——院冲杨,这里四面青山环抱,竹海茫茫,环境清幽。该旧址2020年被列为池州市级文物保护单位。

1945年春夏之交,新四军七师沿江支队沿江团团部及其主力的大部驻扎在院冲杨,有着200多年历史的杨氏祠堂就是当年团部办公的场所。

1943年冬,新四军第七师沿江团分批自江北挺进江南,在1944年陆续进入池州地区,在中共沿江中心县委领导下发动群众,组织武装,发展党组织,开辟沿江抗日根据地。

沿江团当时大约有1400多人,在团长傅绍甫、政委黄先、政治部主任何志远的领导和指挥下,开展对日伪顽军的游击战争,取得了著名的馒头山大捷和金鸡山大捷,受到新四军七师的通报表扬。

旧址设纪念馆,陈列着新四军七师沿江团当年使用过的一些实物,包括军用品和生活用品,墙上悬挂着介绍沿江团战斗历程和人物事迹的展板,让人可以非常直观地感受那个烽火连天的抗战岁月。

沿江团团部旧址先后被列为贵池区爱国主义教育示范基地、池州市党员教育基地。2020年3月4日,池州市人民政府将其列为池州市第五批市级文物保护单位。

参考文献:

1. 李修松.中国文物地图集:安徽分册[M].北京:中国地图出版社,2014.

2. 安徽省新四军历史研究会.新四军抗战在安徽[M].合肥:安徽人民出版社,1995.

(文/图:周庆九/周叶君、胡金富)

3. 中共皖赣特委机关旧址

中共皖赣特委机关旧址位于池州市东至县龙泉镇大板村上街村民组中部。该建筑为民国初所建,上下两层,砖木结构,坐西朝东,内有走廊,外有回廊,三侧皆有门,面积150余平方米。当年建筑华丽,故称"洋楼屋"。方志敏烈士墓就在楼对面的山上。

土地革命战争时期,东至县大板一带凭借山高林密、地形复杂的优势,成为皖赣革命根据地的重要区域。1943年3月,在江西浮梁成立了中共赣北特委,领导皖赣边区人民开展轰轰烈烈的革命斗争。7月,赣北特委改为皖赣特委,扩编了皖赣红军独立师,转战南北,为皖赣革命根据地的创建作出了重要贡献。12月,皖赣特委机关由浮梁程家山辗转迁至龙泉大板的一座二层洋楼里办公,领导皖赣周边浮梁、鄱阳、秋浦、东流、彭泽、至德等十余县的武装斗争。邵式平、方志敏等革命先烈曾在此开展革命活动。红十军独立师师长匡龙海曾率部在此与国民党武装展开激战,史称"大板保卫战"。

2019年,皖赣特委机关旧址被列为第八批省级文物保护单位。

参考文献:

1. 池州新四军历史研究会.池州抗日战争史馆[M].北京:中国文献出版社,2015.

(文/图:周庆九/周叶君、胡金富)

4. 黎痕王安平和英满芳祖居

黎痕王安平和英满芳祖居位于东至县木塔乡黎痕老街，清代末年建成，为黎痕乡苏维埃政府机关旧址。2020年3月4日，池州市人民政府将其列为池州市第五批市级文物保护单位。

黎痕，原利安乡。黎痕自唐得名，是千年古镇。唐宋时期以街有三座古牌坊、亭子、古桥、宝刹古庙等闻名江南，与经公桥、石门街（江西）、昭潭街、尧渡街等齐名。

黎痕也是革命老区。20世纪30年代初，方志敏将赣东北革命根据地扩展到皖赣边境，曾在黎痕组建红军，创办后方医院，安置了二三百名重伤员。同时，设置了红军银行印刷厂，印刷并发行"中华苏维埃共和国国家银行"纸币。黎痕成立了红军游击队，建立了苏维埃政府，开展了土地革命，黎痕人民革命热情高涨，群众基础良好。

1934年10月，中国工农红军北上抗日先遣队，转战皖南至德，开赴黎痕、昭潭等地休整扩军。休整期间，先遣队进行了出征3个月来的战斗总结，确定今后的行动计划是在皖南发展，开辟苏区和游击区，并将此电告知中央。期间，在皖赣特委和秋浦县委领导下，黎痕人民积极拥军支前，主动腾出房子让红军居住，协助护理运送伤病员。黎痕人民踊跃参军，一天一夜补充兵员500多人，黎痕地区16岁至48岁的男丁基本都报名参加红军。

黎痕距国民党安徽省政府安庆仅100多千米，眼看红军深入其腹地，国民党调集22个团兵力，分6路"进剿"。红军构筑工事，于大板、昭潭、杨林、陈镇、木塔、黎痕一带与敌开展拉锯战、转盘式战斗，终因力量悬殊，皖赣苏区沦陷，先遣队撤回赣东北苏区德兴县重溪。随即，黎痕遭到国民党反动派的疯狂洗劫，绝大多数红军游击队员壮烈牺牲，医院被烧毁，200多名伤员遇难。

千年古镇黎痕于2016年8月入选安徽省千年古村落。黎痕既是东至县的千年古村落，也是具有传奇色彩的革命老区和东至县爱国主义教育示范基地。

参考文献：

1. 汪云龙.中国共产党东至地方史[M].合肥:安徽人民出版社,2011.
2. 中共安徽省委党史工作委员会.安徽现代革命史资料:第2卷[M].合肥:安徽人民出版社,1991.

（文/图：周叶君/周叶君、胡金富）

5. 宾山革命纪念馆

宾山革命纪念馆坐落于青阳县酉华镇宋冲村。纪念馆为中共泾青南县委机关旧址，建筑为三间皖南民居，面积约百余平方米。纪念馆结构简洁，庄重古朴。

1945年10月，中共铜（陵）青（阳）南（陵）县委机关和县大队90多人从铜陵转移到泾（县）青（阳）南（陵）交界的宾山地区开展游击战争。1947年，铜青南县委改为泾青南县委。至1948年9月，创建了以宾山为中心，面积4000多平方千米的游击根据地。它面向长江、背靠山区，威胁国民党江防要地，是迎接解放大军渡江的重要基地。

纪念馆收藏解放战争时期的22件革命文物，其中珍贵文物有四件，收藏泾青南县委书记、县长朱农曾使用过的物品，还有游击队曾用过的油灯、茶壶、子弹、刀、草鞋、蓑衣、烟袋等。

宾山革命纪念馆于2009年9月28日正式开馆。该馆先后被授予池州市爱国主义教育示范基地、池州市干部教育培训现场教学基地等。

参考文献：

1. 池州文化旅游. 红色旅游：青阳县宾山革命纪念馆[EB/OL].(2021-05-25)[2020-09-01].https://www.ahqy.gov.cn/News/show/490525.html
2. 胡好友.青山之阳[M].北京：经济日报出版社，2009.

（文/图：周庆九/周叶君、胡金富）

后记

今年是中国共产党成立100周年。安徽建筑大学马克思主义学院组织编纂《红色江淮 光辉记忆——安徽红色建筑印迹》一书,从侧面展示了100年来在中国共产党领导下安徽革命、建设、改革发展的奋斗历程,以此重温红色记忆,赓续红色血脉,以史为鉴,创造未来。

本书编纂工作以习近平新时代中国特色社会主义思想为指导,以介绍市级及以上不可移动革命文物为主要内容,涉及安徽地域的党的重要机构旧址,重要党史人物的故居、活动地,重要党史事件、重大战斗遗址,具有重要影响的革命烈士事迹发生地等,通过对红色建筑、革命遗址的介绍,勾勒出安徽红色文化的发展脉络。

安徽建筑大学校领导对本书的编纂工作高度重视,在选题谋划、框架设计、实地调研等方面给予了有力指导和大力支持,并将其作为学校党史学习教育主题活动的重要内容。2021年暑假,安徽建筑大学团委和马克思主义学院在全校学生中开展"寻访家乡红色建筑,传承红色基因"的主题实践活动,这一活动为本书的出版提供了部分素材,取得了良好的成效。马克思主义学院全体教师以高度责任感、使命感,克服困难,利用节假日对安徽红色建筑进行了实地调研,并全身心地投入到文字编纂、素材整理中,学院党总支书记谢建同志多方协调,确保编纂工作顺利推进。

本书在写作过程中,参阅并征引了革命遗址专业书籍、安徽地方志、革命史志、省市文明网等方面相关资料,吸收了相关学者的研究成果,在此对相关学者、党史工作者等表示衷心的感谢!

由于水平有限、时间仓促,书中难免有疏漏之处,敬请广大读者批评指正。

编 者

2021年11月